パリの「敵性」日本人たち

パリの「敵性」日本人たち

脱出か抑留か

1940-1946

藤森晶子

Akiko Fujimori

岩波書店

はじめに

初めて外国に資料探しに出かけたときのことだ。調べようとしていたのはフランスのことだったが、向かったのはイギリス、ロンドンにある帝国戦争博物館の写真資料室だった。「ドイツ兵の恋人」とがめられて丸刈りにされたフランス人女性の写真を探すためだ。

そこには連合軍の従軍カメラマンが撮影した写真資料のコレクションがあった。写真はテーマごとに厚紙の箱に収納されていて、当時は開架式の図書館のように自由に写真資料にアクセスできた。

箱から出てきた写真は、始めのうちは、軍艦やら、海からノルマンディ地方の海岸に上陸するイギリス兵やら、爆撃後の瓦礫の中で形をとどめている建物やらだった。当時の雰囲気を知るための勉強にはなるが、探している写真そのものではなかった。何箱目かで手に取った「フランスの民間人」として分類された箱で、無理やり髪を切られている女性たちの写真に行き着いた。

見るべき写真の数は多かった。自分の正面に積まれている写真を両手で持ち上げて確認し、裏面にひっくり返しては重ねていくという作業にも慣れてきて、だんだん機械的になってきた。

そして、出てきた写真に、手が止まった。

フランス人に連行されている白髪の「東洋人のおじさん」が写っていた。レジスタンス活動家がよく巻いているような腕章をつけた若い男がおじさんを左からとりおさえ、右腕と後ろ襟は、ヘルメットを被った別の男がつかんでいる。おじさんは前のめりになっている。力ずくでどこかに連れて行かれているように見える。

おじさんの妻だろうか、フランス人の女性がこわばった表情でこの集団を追いかけている。周りの人びとがこの様子を眺めている。

見てはいけないものを見てしまった。そのときはそう思った。東洋人のおじさんは、自分の祖父のように思えた。同時に、見せしめにされている女性たちの写真を見て痛ましいと思いつつも、連続して見すぎてどこか無感覚になっていることに気がついた。

東洋人のおじさんは何者なのか。知りたいが、取り組むべきは「丸刈りにされた女たち」であり、深入りできない。しかし今思えばこれは言い訳で、おじさんについて知りたくても、調べる方法の見当もつかなかったというのが正直なところだ。このようにして私は図0-1の写真に出会った。

それから一五年ほどが経った。

故郷広島の中国新聞社から前作『丸刈りにされた女たち』(岩波書店、二〇一六年)に関連する全八回のコラムの執筆の依頼があり、調査の紆余曲折をあれこれ書き出してみた。そういえば、あの時ロンドンで見た東洋人のおじさんの写真は何だったのだろう。次はこれを調べようと心に決める前に、インターネットで検索を始めていた。

二〇世紀中葉、緊張が増す国際情勢に、在仏邦人はフランスに留まるか、帰国するかの選択を迫られた。在仏日本大使館は帰国を強く促した。フランスからの引き揚げは主に三度の時期に分けられる。

一度目は第二次世界大戦が始まった一九三九年秋で、二度目は、ドイツが西進し始めてフランスへ迫るのが時間の問題とみられた一九四〇年初夏だった。パリに暮らしていた名だたる芸術家たちの多くはフランスをあとにした。

一九四〇年六月、ドイツ軍がパリに入城し、フランス北半分の占領が始まった。南半分では七月に、ドイツに協力的なペタン元帥を国家元首とするヴィシー政権が成立した。ドイツへの抵抗運動《レジスタンス》とその取り締まり、フランス警察も加担したユダヤ人迫害、ドイツでの義務労働への徴用、食糧や燃料の著しい欠乏、手荒な粛清。この時期のフランスとして浮かんでくるイメージはこんなところだろうか。当時フランスに暮らしていた日本人は、これらを実際に肌で感じていたはずだ。

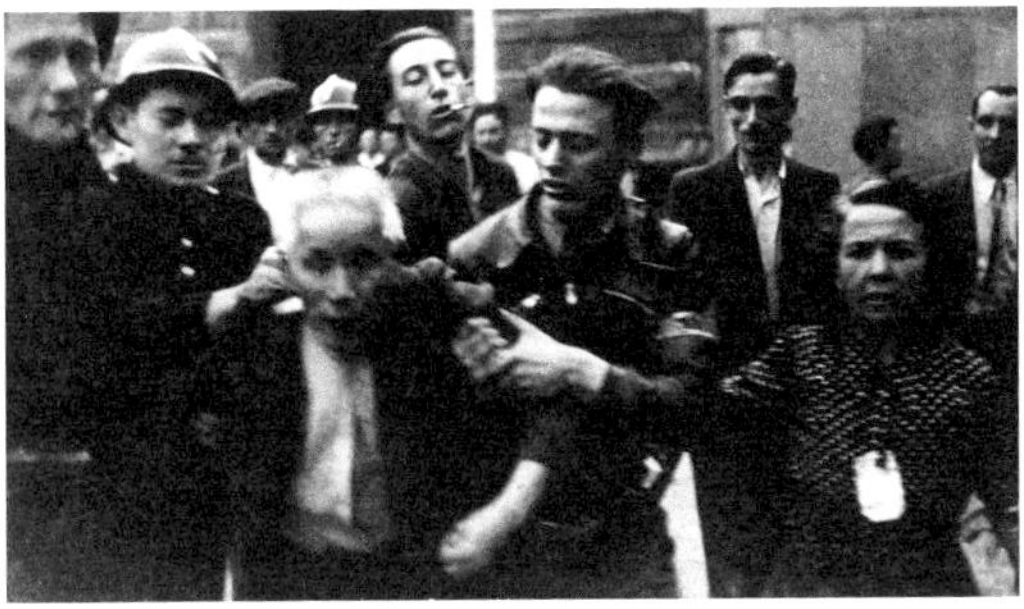

図 0–1　帝国戦争博物館で見た写真(©Photo 12)

明るいイメージと結びつかないドイツ占領下フランスだが、ある日本人画家は「比較的めぐまれた生活」を送っていたと振り返る。ドイツの同盟国の国民として、ドイツ占領軍から日本人はフランス人より大目に見てもらえ、配給券を余分に要求できるなどの特権を享受した。

三度目は、連合軍がフランス北西部のノルマンディ海岸からヨーロッパ大陸に上陸して進軍し、パリ方面に接近した一九四四年八月だった。フランス人の敵意が、軍服のドイツ人占領兵に対してだけでなく、フランス人より優遇されていた日本人に対しても向けられたのは自然なことかもしれない。連合軍がパリに近づくにつれ、大半のフランス人は心が躍り、日本人は不安に襲われた。八月半ば、多くの在仏邦人が大使館の手配した交通手段でパリを離れ、ベルリンへ向かった。やがて、ソ連軍の手に落ちてソ連経由で日本へ帰った人びともいれば、アメリカ軍の管理下に置かれアメリカ経由で帰国となった人びともいた。

本書の主な関心はこれらのどの脱出にも加わらずにフランスに残った人びとにある。ほとんどがフランスに生活のすべてがある人たちだった。

そして一九四四年八月末、パリが解放された。この時に拘束された日本人がいる。写真の東洋人のおじさんは、このなかの一人なのだろうか。

さらに翌年の六月、一部の在仏日本人は警察に捕らえられて、ドイツ占領下ではユダヤ人が収容されていた場所に入れられた。この「行政収容措置」では、密告やスパイ行為に手を染めていなくとも、敵性国出身者というだけで十分拘束理由となりえた。

本書では、主にフランスの公文書の記録に残された日本人を、濃淡はあるが、できるだけ多く登場させようとした。特段有名でもない人名がたくさん出てきて、わずらわしく思う方もいるかもしれないが、あえてそのような方針をとった。大きな功績がある人ではなく、「普通」の人を中心に、フランスに憧れ親しみをもった先人の生き様を書きとめておきたかったからだ。

目　次

主な登場人物

青山三郎	サン＝ミシェル河岸通りで骨董品屋を営む
浅田スマ子	陸軍事務所秘書．戦後，モンパルナスの「日本料理店」主人
石田新吾	陸軍事務所運転手．自殺未遂で入院
加藤菊枝	三菱商事パリ支社元事務員
久保譲	MAI 会長．日本では無政府主義者として活動
倉知緑郎	音楽家．同盟通信社記者の肩書きももつ．古沢淑子と結婚
小松ふみ子	フランス文学専攻の留学生
斎藤哲爾	画家．スパイ容疑で逮捕される
桜井一郎	陸軍事務所勤務の軍人
薩摩治郎八	資産家で日仏文化交流に尽力
椎名其二	文学者．大使館嘱託．MAI で日本語を教える．戦後はパリにおいて製本業で細々と暮らす
ジュヌヴィエーヴ・森田	森田菊次郎の妻．音楽の素養がある
末松正樹	舞踏家．画家．在マルセイユ日本領事館勤務
高田博厚	彫刻家．記者．ドイツ占領下パリで外国人記者クラブ副会長を務める
高和博	駐マルセイユ日本領事
淡徳三郎	記者．帰国後は文筆家として活躍
ドー・ドック・ホー	インドシナ出身の活動家．MAI 事務局長．日本人に接近
長谷川潔	版画家．特にフランスで名声がある
原田梨白	本名は彦太郎．画家．フランスで活躍
平賀亀祐	画家．MAI 会計係．戦後，気骨を感じる自伝を残す
古沢淑子	声楽家．倉知緑郎と結婚
前田陽一	外交官補．戦後，東京大学教授としてパスカル研究の権威となる
マルセル・ペルラン	技術者として来日．スパイ容疑で逮捕される
森田菊次郎	在仏歴が長い．兄は日本画家の結城素明．妻はジュヌヴィエーヴ・森田

ドイツ占領下のフランスの主な地区
（1940 年夏〜42 年 11 月）

第1章 パリ解放時の「日本人」
――「ほら、屋根の日本人狙撃兵よ」

パリ六区ビュッシ通りで両手を上げた「日本人」

ロンドンで見た写真の「東洋人のおじさん」を探すために、フランスの公文書館で調べ物を始めようと計画した。だが公文書館の前に行っておきたい場所があった。パリ六区のビュシ通りだ。サン＝ジェルマン＝デ＝プレ教会近くにある。この通りのどこかで起きた、日本人からしたらあまり笑えない出来事について読んだことがあったからだ。

その出来事は、哲学者ジャン＝ポール・サルトルがレジスタンス系新聞『コンバ』に書いたコラムに描かれていた。このコラムは、パリがドイツ軍から解放される直前の日々にサルトル自身が街を徘徊しながら見聞きしたことを、一日ごとに振り返ったものだ。「日本人」は、一九四四年八月二〇日、日曜日のエピソードに登場する。このとき街はまだドイツ軍から解放されていない。パリ市民は連合軍が現れるのを心待ちにしていた。サルトルが街角で遭遇した小さな事件から、日本人が市民の目にどのように映っていたかをうかがい知ることができる。

二時。――群衆の大歓声、窓から窓に響く高笑い、拍手喝采。お祭り騒ぎだ。ビュシ通りのとあるホテルから道に向かって発砲しようとしているダルナンの民兵たちがいた。通報を受けたフランス国内軍は、そのホテルに入っていったかと思うと、一〇人あまりの黄色人種の小柄な、不安げで硬い表情の男たちを連れ出してきた。両手を上げた日本人だった。ヴィシー政府の「真にフランス的」民兵団《ミリス》を構成していたのはこの者たちだったということか。突然、笑い声がとてつもなく大きくなった。男らがこの殺人者たちの何人かに飛びつき、パンツをずらし、思い切り尻を叩いたのだった。パンツは足首までずり落ち、彼らは袋跳び競争をしているかのごとく小刻みに跳ね、到着したばかりの護送車にまさに辿り着こうとしていた。(1)

フランス民兵団は、右翼系活動家ジョゼフ・ダルナンが率いていた組織を、ヴィシー政府が再編成してつくった準軍事組織だ。ゲシュタポを補完する組織として活動し、レジスタンス活動家を手荒なやり方で痛めつけ、死に至らせることもあったことで知られた。(2)そんなところに日本人が入っていたのだろうか。できるだけ多くの文書に当たったが、それと特定できる言及を見つけることはできなかった。

いずれにせよ、ビュシ通りのホテルに身を潜めていたところを連れ出された「黄色人種の殺人者」を、サルトルは「日本人」だと思ったのだ。

ビュシ通りに行ってみると、観光客向けレストランが道の両側にひしめいていた。歩道にもテーブル席が並び、客で埋まっていた。歩くときは食事中の客に鞄を引っ掛けぬよう気をつけなければならなかった。ホテルは何軒かあるようだった。

後日、フランス国立図書館で、ドイツ占領下に発行された商業年鑑を閲覧した(3)。当時もホテルは複数あり、現在営業しているホテルと場所が一致するものもあった。

場所を少しは絞れたところで再び現地に戻っても、「日本人」にただ思いを馳せることしかできなかった。

一九四四年八月、パリ解放

一九四四年八月に入ると、パリ市民のあいだでは、ノルマンディ海岸から上陸した連合軍が、もうパリ近郊まで来ていると噂され、ドイツ占領の終わりの到来が感じとられるようになっていた。八月一〇日に鉄道員が始めたストライキに、地下鉄乗務員、警察官などが続いた。緊迫した雰囲気がパリ市民をドイツ軍からの解放への闘いに誘った。一八日、レジスタンス側から市民に武器を取るよう蜂起が呼びかけられた。場所によってはドイツ軍との銃撃戦が起きた。公共施設はレジスタンスの軍事組織であるフランス国内軍に占拠された。二〇日頃、いっとき休戦の動きがあったが、再び戦闘となった。市民は街の至るところにバリケードを築いて、ドイツ軍の妨害を本格化させた。

パリ市民の期待は膨らむも、連合軍はなかなかパリに現れなかった。連合軍はパリに入る適切な時機はまだ先だと考えていたからだ。ドゴール将軍は、これに異を唱えていた。ドゴールは一九四〇年、フランス敗戦が差し迫りイギリスに亡命した。祖国解放を目指して「自由フランス」をつくり、反独運動を引っ張ってきた。当時フランス領だったアルジェリアの最大都市アルジェで結成したフランス国民解放委員会は、一九四四年六月に共和国臨時政府となることを宣言し、ドゴールは首班となった。彼にとってはとにかく早く首都パリを奪取することが重要だった。共産党に権力を握られてしまうことや、アメリカに軍事政権樹立の口実を与えてしまうことを危惧していたからだ。最終的には、パリに向かうことをしぶっていた連合軍遠征軍最高司令官を説得した。

最初の戦車がパリに入ったのは一九四四年八月二四日の夜だった。ルクレール将軍は、自らが指揮する自由フランス軍第二機甲師団の先遣隊をパリに送った。翌日、アメリカ軍第四歩兵師団と自由フランス軍第二機甲師団がパリに入った。市街戦の後、ドイツ軍パリ軍事総督フォン・コルティッツは、パリ警視庁で降伏文書に署名した。

ドゴール将軍がパリに現れたのはその日の夕方だった。まずは自分が四年前までいた戦争省、次にパリ警視庁、それから市民が待ち構えるパリ市庁舎に赴いた。ドゴールが宣言したのは、共和国の復活ではなかった。「共和国は一度も存在を止めたことはない」と、自分が率いてきた組織が共和国を代表して存続していたと説いた。

二六日、祝賀式典が行われた。ドゴールは凱旋門からシャンゼリゼ大通りを行進し、コンコルド広場でオープンカーに乗った。オープンカーはリヴォリ通りを市庁舎まで行き、橋を渡ってノートルダム寺院に着いた。そこで聖職者による式典に参加した(4)。

式典は終始平穏に行われたわけではない。一行がノートルダム寺院で車を降りたとき、どこからどこへ発砲しているのかもわからない銃声が重なった。人びとは慌てて地面に伏せた。「屋根からの狙撃」で辺りは騒然とした。建物の窓からは煙が吹き出していた。狙撃兵はノートルダム寺院の上部に潜んでいるようでもあったが、ドゴール将軍は周囲を一瞥しただけで、予定通り寺院の中に入っていった。

誰が発砲したのかは、今も明らかになっていない。民兵か、対独協力者か、ドイツ兵か、共産党員か、それともフランス国内軍か。式典に水を差したいだけだったのか、ドゴールの暗殺まで狙っていたのかはわからないままだ。

ドイツ兵はというと、捕虜になり、くたびれた軍服を着て列を成して歩かされるあいだずっと、市民の蔑みの視線にさらされた。捕虜を見ようと押し寄せる市民から鈍器で殴られることもあった。集団から外れ孤立してしまったことで格好の標的となり殺されたドイツ兵もいる。フランス人対独協力者は、レジスタンス組織の者により、建物から引きずり出され、殴打などの暴行を受けた。対独協力を疑われた女性には、髪を切られ、服を脱がされ、通りを引き回された者もいる。

日本人にも向けられていた敵意

市民の敵意が向けられていたのはフランス人対独協力者やドイツ兵だけではない。日本人に対してもだった。

パリの街が騒然としつつあった八月前半には、日本人への敵意は露骨になっていたようだ。日本人は、フランスでは「匪賊《ひぞく》」に殺されることはなかったが、すでにムッソリーニが失脚し、反ファシスト、反ナチパルチザンの活動が激しくなっていた北イタリアでは、山中で一名の軍人が、別の場所で二名の商社員が殺害された(5)。

この頃、フランス在住の日本人婦女子が大使館の手配でパリを脱出した。脱出した一人だった留学生小松ふみ子は、辿り着いたベルリンで、自分たちより二日後にパリを出た人たちから様子を聞いた。

我々の出発から二日おくれて陥落一歩手前の巴里を自動車でたって来た人々が日本大使館の庭に勢揃いした時、急に四囲の建物の窓々が開き一斉にドイツに加担した日本とばかりに罵詈讒言《ばりざんげん》を浴びせかけ、小石、硝子、ビール瓶等を途上に投下したので、自動車は今にもパンクしそうになって危険此の上もなかった。全速力で逃亡はしたが、街の混雑の為に一晩中ぐるぐると同じ処をまわっていたと云う。(6)

一方、加藤菊枝は、集団脱出には加わらずパリに残っていた。それでもこの時期は、少し前まで勤務していた三菱商事時代に知り合った、英仏混血の英語教師宅に三日間ほど匿ってもらっていた。近所のその家まで歩いていくのに大変な恐怖感を味わったと回想する。(7) フランス人から危害を受けるのを恐れて、加藤のように身を隠すという選択をした人は他にもいたようだ。

「日本人狙撃兵」の噂

サルトルのルポルタージュにはもう一度「日本人」が登場する。同じ日の二時間後にパリ六区で見られた光景だ。

外に出るのを躊躇していた女たちが、大通りに思い切って出てきて、サン＝ジェルマン広場の方を安心しきった様子で見やった。その瞬間、どこの窓からか銃弾が飛んできた。一人の女に命中し、肝臓を貫通した。もう一人の女は木にもたれかかり、血が幹をつたって流れた。フランス国内軍が駆けつけたものの、いずれの窓にも人間はいない。どの窓から発砲されたかはどうしたら特定できるだろう。こうしてどの界隈でも幻の民兵が現れるようになるだろう。アベイ通りでも一三番地の屋根に一人いると通報された。おそらくだが、それは間違いか、男はとっくに逃げ去っていたかのどちらかだろう。しかし、銃声が散発的に聞こえるたびに、六区の女中たちはきまってこう言った。「ほら、屋根の日本人狙撃兵よ」(8)

六区に出没する「日本人狙撃兵」の噂は、数日前から流れていた。日刊紙『ス・ソワール』が報じるには、「日本人」が猫のようにしなやかに屋根に上りフランス人を背後から攻撃した。この黄色人種の男らは捕らえられ、六区区役所に連行された(9)。猫ではなく猿のようだとも言われた。同じく六区での話だ。文学者のポール・テュフローが記した日記によると、屋根の樋から樋に「猿のように走る日本人」が通行人を狙い撃ちしていたと女中が話題にしていた。だが、テュフロー自身は、狙撃兵は日本人ではなく、武装ＳＳコーカサス部隊ではなかったかと見ている(10)。

武装ＳＳコーカサス部隊とは、ドイツ軍のソ連侵攻で捕虜となった中央アジア出身の非スラブ系元ソ連兵で編成された「東方部隊」の一つだ。このような部隊は結成当初はドイツの人種政策に相容れ

図1-1　フランスで捕らえられたアジア系ドイツ兵(J. F. Borsarello et W. Palinckx, *Wehrmacht & SS. Caucasian-Muslim-Asian Troops*)

ないとされていたが、ドイツ軍の失った兵力はあまりに深刻だったため、事実上許容された。兵士の出身地は中央アジアのアゼルバイジャン、カザフスタン、トルクメニスタン、ジョージアが多かった。軍服には、出身地が識別できるワッペンが縫いつけられた。それを着用した中央アジア出身者の写真には、確かに日本人から見ても日本人に見える人が含まれている(図1-1)。

一九四三年以降「東方部隊」は、ソ連の前線からフランス、ベルギー、オランダなどの西ヨーロッパに移され、反対に西ヨーロッパにいたドイツ兵は東方へ送られた。このため、フランスに「エキゾチックなドイツ兵」が少なからずいたのだった。[11]

他方で、アジア系狙撃兵は日本人でもコーカサス出身者でもなくインドシナ出身者だという説も唱えられた。

薩摩治郎《じろ》八《はち》は、フランス人の年長者や女優などの知人が、当時しきりに屋根に潜む「日本人狙撃兵」について噂していたことを記している。だが、薩摩は、「そんな馬鹿なことはあり得ないでしょう」と一蹴する。この風説が街中に広まったことで、「憎らしい日本人《ジャポネ》と一般の市民の反日本人憎悪の念を高めていった」と振り返る。[12]

パリの方々で噂された「日本人狙撃兵」だが、真偽はどうあれ、フランス人に敵対行為を働いている東洋人といえば日本人と思われていたことがうかがわれて興味深い。

ところが、これは単なる噂にとどまらなかった。六区の狙撃兵を指揮していた疑いで、実際に捕えられた日本人とインドシナ出身者がいたことは、後に述べる。

第2章

行政収容の対象となった残留日本人
——「大の親仏家だ」

新聞のスクラップ

自宅でファイルの整理をしていたら、新聞の切り抜きが出てきた。横浜美術館で行われた長谷川潔展の記事だった。

記事の日付からして、何年か前にファイルに入れたに違いないが、覚えがなかった。それでも、長谷川潔という版画家に関心を抱いてスクラップしたのではないことは、自分のことだからわかった。スクラップしたのは「長谷川は終戦間際の四五年六月、在留邦人としてフランスの収容所に強制収容された体験を持つ(1)」という一節に惹かれたからに違いなかった。

このとき「フランスで強制収容された日本人」というテーマが自分の中で盛り上がっていたなら、真っ先に横浜美術館に向かっていただろう。そうでなかったことからして、一瞬、気にはなったという程度のことだったようだ。

しかし今回は違った。早速、長谷川潔の評伝を探して読んでみた。たしかにこうあった。

しかし、五年間も続いた大戦が終結し、日本だけが戦争を継続したため、在パリ日本人十数名の一人である長谷川は、同年六月二五日から七月一九日までドランシー収容所に収容された[2]［傍点筆者］。

ほとんどこれだけの情報を頼りに、フランスで史料収集を始めてみることにした。

「敵国人でしょう？」

フランスにある、さる公文書館の閲覧室で、通路を歩いてきた人が私の机の横で立ち止まった。その人の視線が、試験中に教師が生徒の答案をのぞき込むときのごとく、私の手元に向けられているのを感じた。文書の読解に没頭しているふりをして、その人が立ち去るのを待った。

「第二次世界大戦中のことを調べているようだね。何を調べているのかね」

仕方なく顔を上げると、男が笑みを浮かべて立っていた。上着を羽織っていることから、もう自分の閲覧は終わって退室するところなのだろう。男は私が見ていた史料の整理番号に興味をもったようだった。聞こえるのは各人が扱う文書がこすれる音だけの静かな閲覧室で、自分の調べているテーマを声に出すのはためらわれた。

「ドランシーに収容されていた日本人のことなんですけど」と私が言い終わらないうちに、男は割り込んできた。

「敵国人でしょう？　パリ解放後の。聞いたことがあるよ」

史料収集を始めてからまだ数日で、その要領がつかめておらず、カウンターで渡されるのはテーマに直結しない文書ばかりで意欲がやや削がれていた頃だ。だが、フランス人にとってはかなりマイナーだと思われるエピソードについて「聞いたことがある」という人が現れた。公文書館にいるくらいだから、かなりの歴史好きに違いないだろうが、調査をもう少し続けてみようという気になった。

ドランシー・ショア記念館、パリ警視庁公文書館

当時、北アフリカのモロッコに住んでいた私にとって、マグリブ系やアフリカ系移民が多く暮らすパリの外れは居心地がよかった。それでもパリ北東の町ドランシーには、そこに収容所があったことを知っていたことを抜きにしても、少し殺伐としたものを感じた。空腹であっても入りたくなるような店はなく、道行く人は人生を諦めているようにみえた。

二〇一二年に開館したドランシー・ショア記念館は、収容所だった建物の向かいにある。第二次世界大戦中にナチ・ドイツによって行われたユダヤ人大量虐殺を表す言葉には、「ホロコースト」「ジェノサイド」「絶滅政策」「最終的解決」などいろいろあるが、フランス語圏では「ショア」が定着している。一九八五年のクロード・ランズマンの映画がきっかけだった。ヘブライ語で「災厄」「破壊」「滅亡」を指す「ショア」という語を、「あの出来事を指す特別な言葉」としてランズマンは映画のタイトルに使った(3)。犠牲となったユダヤ人に捧げられたドランシー・ショア記念館は、ユダヤ人迫害の歴史を保存、調査し、伝えるため、公的な資金と寄付とで運営されている。地域住民の気持ちに配慮してか、テロの標的になる懸念からか、わかりやすい案内板の類は探した限りでは見当たらず、初め

て訪れた二〇一八年の冬、本当にこの建物でいいのか確信がもてなかった。

記念館の入口で金属探知機による検査を受け、展示室に入った。展示はユダヤ人迫害に関するものが中心で私が求めている情報は得られないだろうという予想に反して、収容所で暮らす対独協力者たちの映像が公開されていた。繰り返し流れる短い映像をしばらく見ていたが、たまたまそこに日本人が映り込んでいるという奇跡はなかった。

資料室ではショア関連の文献や史料を閲覧できた。そこに腰を据えて何かしようという気はなかったものの、比較的新しい本を何冊かめくっていると役立ちそうな情報を見つけた。司書の女性に対して「ここで働いているからにはユダヤ系なんだろう。そう思うのは偏見なのだろうか」と自問しながら、該当ページの写真撮影の可否を尋ねた。その女性はものすごく感じよく、許可してくれた。撮りたいのがユダヤ人迫害に関するページでなくて後ろめたさが残った。数日後、パリ警視庁公文書館に行ってみようと思ったのは、このとき手にした本がきっかけだった。

地下鉄五号線のオッシュ駅から地上に出て「パリ警視庁」といういかめしい響きから想像する建物を目指して歩いた。なかなかそのような建物を見つけることができず、一本、二本と筋を変えて歩きまわった挙句、どう考えてもここだろうと思われた場所にあったのは、こぢんまりとした感じのよい建物だった。かつて町工場が多くあったその界隈の雰囲気に馴染んでいた。敷地に入れてもらうために、呼び鈴を鳴らして訪問理由を説明した。

受付でやや年配の女性が迎えてくれた。そこで身分証の提示を求められた。女性は、身分証を見つつ私の名前をつぶやきながら一本指でパソコンに入力し、利用者登録を行った。身分証はすぐに返してくれた。女性は目録検索用の端末まで私を案内し、その使い方を手取り足取り教えてくれた。女性は親切ではあったが、パリ解放後にドランシーに収容された日本人を調べるためにどの史料にあたればよいかまではわからず、通りがかった別の職員を呼び止めて助けを求めた。

見るからに快活なふたりめの女性は、すぐさま寄ってきて、検索をかけた。

「これから見ていかれるといいですよ。がんばってくださいね」

勧められるがままに請求したのは、留置場《デポ》への一九四五年六月から一〇月までの入所者名簿だった[4]。名簿には電話帳のようにアルファベットごとに見出しが付けられていた。各ページには手書きのフランス人やドイツ人の名前が入所日順に整然と並んでいた。

上から下に視線を這わせながらページをめくっていくと、「H」のところに日本人の名前が前後の名前と何ら変わりなく書き込まれていた。それも二つあった。

Hasegawa Kiyoshi
Hiraga Kamesuke

日本人への行政収容命令

解放の混乱からパリの街が落ち着きを取り戻しつつあった一九四四年の秋、ドイツ占領下フランスでの日本人の活動を調査するための日本人係が、フランス軍事保安本部内に設置された。日本人係は一六区ランヌ大通り五五番地の建物の一室にあった。その一帯は高級住宅地だ。パリの西の端に位置し、ブローニュの森を望む。

呼び出されたある日本人によれば、日本人係は、中尉と部下が一人ずつと、三人の女性秘書で構成されていた(5)。中尉は、ゲディという男だった。ゲディ中尉は公文書に名前が出てくるだけでなく、尋問を受けた複数の日本人によって「ゲデー」とも「ゲーデー」とも表記され、回顧録にときどき登場する。日本人は一人ひとり呼び出され、ゲディ中尉によって取り調べが行われた。結果、ドイツ占領下パリでの領事館の活動から個人の愛人の存在まで、パリの日本人社会についてかなり詳細な報告書ができ上がった(6)。

一九四五年六月七日の内務大臣の決定により、六月一一日、パリ警視総監から在仏日本人一六名に対して収容命令が出された。根拠とされたのは、一九四四年一〇月四日に発布された国防または公安上の危険人物に対する行政収容措置についての政令《オルドナンス》だ(7)。これにより、国籍に関係なく、国防または公安に危険とみなされた人物の居住を制限したり、身柄を拘束して収容したりすることが可能となった。

収容命令が出された日本人のうち、住まいがパリ警視庁の管轄外であった三名と捜索されたがどこにも見つからなかった一名を除いた一〇名が移送され、すでに収容されていた二名と合わせ、一二名がドランシー収容所に収容されることとなった。

この月に、フランス国内の収容施設には、フランス人が約一万八〇〇〇人、民間のドイツ人が約一万三〇〇〇人、その他の外国人が約五〇〇〇人いたとされている(8)。日本人はこの約五〇〇〇人のうちだと考えると、ほんのわずかにみえる。

図2-1　1942年12月，ユダヤ人が収容されていたドランシー収容所(上，Mémorial de la Shoah, CCXLV_254)．現在は集合住宅になっている(下，2018年1月，筆者撮影)

　ドランシー収容所は、「死の控えの間」[9]として記憶されている。ドイツ占領下でフランスのユダヤ人がアウシュヴィッツ収容所などの絶滅収容所に移送される前に、ドランシー収容所に集められ、留め置かれたからだ。ドランシー収容所から、約七万人ものユダヤ人が、貨車に入れられ東方へと送られた。この措置は一九四二年に始まり一九四四年夏まで続けられた(図2-1)。

　収容所として使用された建物は、元々は一九三〇年代半ばに近代的な公営住宅「ミュエット団地」の一部として建設された。低層の建物はコの字形に配置され、ゆったりと中庭を囲んでいた。図2-1上の写真には写っていないが、当時は珍しかった高層マンションも計画され、実際に建設が始まっていた。しかし一九三〇年代後半、資金不足で完成をみないまま戦争となった。一九四〇年のフランス敗退後にやってきたドイツ占領軍は、この施設に目をつけ、フランス人やイギリス人の戦争捕虜収容所として利用した。

初めてドランシー収容所にユダヤ人が入れられたのは一九四一年八月のパリ一一区における一斉検挙の後だった。一九四二年冬、ナチ・ドイツがユダヤ人問題の「最終的解決」を実行し始めてから、ドランシー収容所はユダヤ人を収容するための施設から、絶滅収容所に至る通過収容所へと用途が変わった。一九四三年からは、ユダヤ人大量移送を指揮したアドルフ・アイヒマンの右腕として実績のある親衛隊大尉アロイス・ブルンナーが運営にあたった。

連合軍によるノルマンディ上陸以降も、ドランシー収容所にはユダヤ人が入所させられ、一九四四年八月の時点で収監者は一四〇〇人を数えた。連合軍がパリ方面に迫る中、ブルンナーはドランシー収容所で文書を焼き、逃亡した。パリが解放される前に、ドランシー収容所にいたユダヤ人は自由の身となった。

同年九月初旬、ドランシー収容所はユダヤ人に代わる新たな囚人を迎えることになった。四〇〇〇人を超える新たな入所者は、対独協力を疑われた者たちだ。この入所者たちによって後年に書かれた回顧録には、乗せられたバスを降りて、未完成の高層マンション、がらんとした中庭、鉄条網の囲いを目にしたときの驚きが描かれている。

このとき入所したある女優の回想によると、二〇人ほどの囚人が入れられた大部屋には、最近までそこで過ごしていたユダヤ人の痕跡があった。物は破壊され、家具は引っくり返されていた。床には「落ち葉のように」、ユダヤ人がつけさせられていた黄色い星形のワッペンが散らばっていた。

ドランシー収容所には、種類も程度もさまざまな「対独協力者」が収監された。「敗北主義」を唱えた者、闇市に関わった者、対独協力団体やナチ・ドイツで軍事土木事業を担ったトート機関に所属していた者、ドイツ人との性的関係を責められた女性たちだ。ドランシー収容所には、これらの対独協力の疑いをかけられた者だけでなく、政治犯以外の犯罪者、売春斡旋業者、窃盗犯、詐欺師も入所した。イタリア人やドイツ人、そして日本人などの敵国市民もいた。

武装したフランス国内軍の詰所が一〇〇メートルごとに置かれ、囚人たちを見張った。マットレスはシラミだらけで粗末なものだった。手紙と赤十字からの小包が週に一回配られた(10)。

ドランシー収容所の管理は収容所を解放したフランス国内軍からパリ警視庁に移された。一九四五年七月から、収監されている日本人の取り調べが警察により個別に行われ、調書が作成された。

フランスへの愛

パリ警視庁公文書館には、そのときに作成された調書が保管されていた。

確認することができたほとんどの調書には共通点がある。フランスへの愛をアピールしていることだ。日本から来た自分を受け入れてくれた寛大なフランスを愛するからこそ、日本大使館からの脱出要請を退け、フランスに残る決意をしたという主張だ。

これを額面通り受け取ることはできないかもしれない。パリ警視庁による取り調べでは、フランスにいいことしか言わないのは当然だ。だが、収容所に捕らえられていても、フランスに残留したことへの微塵の後悔もみられない。積極的なフランスへの愛が、日本人の調書には書き込まれている。

すでに芸術家としての名声があった長谷川潔は例外として、行政収容措置でドランシー収容所に入れられたのは、特に有名でも金持ちでもない普通の人たちが多かった。取り調べた警察官には、なぜこのような人たちが収容所にいるのか戸惑う者もいた。

河野虎魚《とらうお》は、一〇年以上前にパリに来た。美術学校に通い修了もしたが、家族と取り決めた帰国の期限を過ぎても日本には帰らなかった。仕送りは止められた。日本で金には困らないが窮屈な暮らしを送るより、貧乏でも自由があるパリを選んだ。父親は軍人で厳しかったという。戦争が始まり「脱走兵」だとみなされると思うと、帰国する気は失せた。独身で、美術品の修復を手がける仕事をしていた。(11)

藤原善四郎は、パリ西郊ナンテールの製紙工場で働き、フランス人の妻とその連れ子を養っていた。警察による聞き込みに協力した製紙工場の管理課長は、藤原を絶賛した。

　藤原は立派な人間です。彼は日本人ですが、フランス国籍を取得していないのは、単に手続きを怠っているだけだと思っています。私にとっては彼は善良なフランス人であり、すばらしい労働者で、行いは申し分ありません。藤原の仕事ぶりに経営陣も大変満足しておりました。(12)

藤原は日本から仏領ニューカレドニアに渡航後、一九一六年にそこでフランス外人部隊に入隊し、除隊後、パリに来た。パリとその周辺に残留していた日本人のうち、ニューカレドニアからパリに移り住んだ者は、藤原以外に二人いる。この二人がニューカレドニアに渡った理由は、ニッケル鉱山で働くためだった。藤原もそうだったのかもしれない。

同じく行政収容の対象となった大沢四郎右衛門も日本から直接フランスに来たのではない。京都生まれの大沢がまず目指したのは上海だった。そこでたまたまフランス人の未亡人に雇われ、フランスへついて行くことになった。その女性はフランスにおいて大沢の後見人となった。大沢はシャンゼリゼ界隈の仕立屋で七年間修業し、仕立ての技術と資格を取得した。一九三〇年代には在仏日本大使館専属の仕立屋となった(13)。

広島県出身の原木実一《はらきじついち》は、パリで配管工をしていた。原木は取り調べに対して「一五年間日本人との交流を絶っていた(14)」と主張する。確かに、一九三〇年前後には「巴里通訳案内」をしていたという記録があるものの(15)、一九四三年の日本人会の名簿には原木の名前はない。一五年前に在仏日本人との関わりを断ちたくなった決定的な事件があったと推測する。

原木は、第二次世界大戦が始まったとき、フランス軍に従軍した。フランスに帰化申請をしたことがあったが拒否されていた(16)。そんな原木が国籍を理由に行政収容されたのは皮肉である。付き合いたくなかった日本人ともドランシーで顔を合わせることとなってしまった。

海を渡り、名を成せるほどの実力をつけて帰る人の方が少ないのは、今も昔も同じかもしれない。フランスへの洋行というイメージとはかけ離れた、むしろ流れ着いた日本人がそれなりにいた。フランスには働くために来たというよりは、何かを学ぶ志で来たものの、その分野で身を立てるには至らずに居ついた人もいた。残留を選ぶ傾向にあったのはこのような人たちで、収容された人びとの半数もそうだった。

イギリスからの要請

一〇名ほどの日本人がドランシー収容所で過ごしていた一九四五年八月上旬、外交の世界では日本人を巡って小さなやりとりがあった。

ロンドンの駐英フランス大使ルネ・マシグリは仏外務大臣ジョルジュ・ビドー宛ての書簡において、イギリス外務省からの要請を伝えた。二人ともドゴール将軍の忠臣だ。

イギリス外務省からの要請はこうだ。連合軍による終戦に向けたプロパガンダを助けるべく、ラジオ放送の原稿の執筆やビラ作成に協力できる教養ある日本人を探しており、パリに住む日本の知識人から何人かをロンドンに来させるよう許可してほしいというものだ。[17]

一九四五年五月にドイツが降伏してから、連合軍の敵は日本だけになっていた。日本国民に「真実の」戦況を知らせ、戦争を止めるよう導く謀略放送には、日系アメリカ人の一世や二世だけではなく、捕虜収容所にいた日本兵にも協力者がいた。[18] イギリスにも日本人は住んでいたのに、わざわざパリから探してこようというのが興味深い。

第二次世界大戦が始まってから、イギリスでは敵性外国人としてドイツ人やイタリア人が、グレートブリテン島とアイルランド島の間に位置するマン島の収容所に抑留されていた。日本人も真珠湾攻撃後にこれに加えられた。その当時、イギリス政府の推計によると七〇〇人、ロンドンの日本人クラブによると五〇〇人の日本人がイギリスにはいたとされている。文献によってばらつきはあるが、このうちのおよそ九〇人から二〇〇人がマン島の収容施設に抑留された。[19] 一九四二年に日英交換船で帰国した者がいた一方で、帰国せずにイギリスでの抑留生活を選んだ者もいた。[20]

日本を降伏させるためのプロパガンダへの協力といえば、音楽家の近衛秀麿がアメリカに主体的に協力していたことが明らかにされている。ドイツで捕虜となった近衛は、戦争を早期終結させるための心理プロパガンダを中心とする計画書を作成した。ラジオ放送と上空から撒くビラがこれに含まれていた。近衛がこの作業に取り組んでいたのは一九四五年七月前半とされている。[21]

イギリス政府が近衛秀麿の動きについて把握していたかはわからない。「知識人」を探していることからして、単に日本語ができるだけでなく、どのように日本人に訴えるべきかなど構想を練る段階から任せられる人材を探していたのだと思われる。

結局、フランス外務省は、イギリス外務省からの日本人知識人の派遣要請を断るよう在英フランス大使館に指示した。その指示において、パリ在住の日本人はごくわずかで、ほとんどは画家か版画家であることに加え、一部の者は収容されており、他の者たちも監視下にある、とフランス外務省は在英フランス大使館に説明してから、このように締めくくった。

さらに言うと、パリにいる少数の日本人知識人たちはフランス文化を愛してやまない大の親仏家だ。彼らは我々の影響下にそのままとどめておくべきである。[22]

実は、いくつかの文書には、イギリスが欲しがっていたような人材が、イギリスの要請の前にも後にもフランス国内で協力を申し出たり、実際に協力したりしていた形跡がある。連合軍の一員であるイギリスとはいえ、言われるがままに親仏家たちを渡さなかったところに、フランスの抜け目なさが見え隠れする。

収容を免れた人

「日本人は意気地がない、弱虫だと知った」と、二〇〇〇年代初めに読売新聞のパリ支局長だった池村俊郎に語ったのは前述の加藤菊枝である。加藤は戦前は三菱商事で事務員として勤務していた。日本人の男たちが、パリで敵国人になった途端に怖気づき、フランス人にぺこぺこして同情を買おうとするのを目の当たりにしたのだ(23)。

ドランシー収容所で約七カ月間過ごした椎名《しいな》其二《そのじ》も、収容を免れた人物のことを思い浮かべながら、こう記した。

収容を免れた日本人は何をしていたのか。それについて私はあまり言いたくはない。ただこれだけのことを言っておく。すなわち、ある者は逮捕を免れるために関係要所の人々へ、当時ヤミでなければ手に入らなかった鶏の丸焼きをご馳走したり、シャンペェンのお土産を贈ったりしていた。こうした非常の場合における行動によって、人間がよく分る(24)。

椎名が皮肉っている人物が誰だったのかは特定できないが、卑怯であってもなんとしてでも逮捕されぬよう動いて、実際に自由を保持した者はいたようだ。

薩摩治郎八による働きかけ

日本人への収容命令は一斉に出されたが、釈放は段階的だった。釈放日は、個人の罪の重さではなく、有力者によるパリ警視庁や外務省などへの働きかけの有無が影響したようだ。

薩摩治郎八はドランシーに収容されている同胞を救出するために骨を折ったエピソードを自伝で披露する。

第二次世界大戦が始まり、多くの日本人がフランスを去っていく中、薩摩は逆に再渡仏した。豪商の実家から送られる潤沢な資金を元に、一九二〇年代から三〇年代前半、芸術家のパトロンとなり、舞台の上演や、展覧会の開催を支援したり、私財をなげうってパリの国際大学都市に日本館を創立するなど日仏関係の一時代を築いた。ドイツ占領下の前半は自由地区のニースで過ごし、後半はパリに拠点を移した。実家の倒産や戦争による日仏間の送金の停止のせいで、パリ解放の頃には手元に資金は残っていなかった。

親仏家の代表としてフランスでも知られた薩摩とて、この時期のフランスを平穏に過ごしたわけではなかった。ある朝、二人の刑事が訪れ、拘束令状を提示してきた。そのまま徒歩でパリ警視庁の監禁室まで連行された。薩摩は胸にフランスから授与された勲章を忘れずにつけていた。

回顧録では、判事による取り調べよりも、監禁室で同室だった麻薬中毒らしき女や、見張りの巡査たちとの軽妙なやり取りに重きが置かれている。取り調べを担当した判事が機転を利かせたらしく、外務省とパリの国際大学都市に連絡を入れてくれた。そのおかげで事態は好転し、日付が変わる前には釈放された。

この翌日から薩摩は外務省アジア大洋州局のボーリュー課長のところへ通った。「仏蘭西に残留した日本人は仏蘭西と運命を共にした日仏間のきずなであり、平和再立の際において、仏蘭西に最も親しみを持つ分子である[25]」と強調して、ドランシー収容所に入れられた日本人の釈放を訴えたと薩摩の回顧録にある。フランス外務省外交史料館には、薩摩の行動を裏付ける自筆の手紙が残されている[26]。

一九四五年七月から一二月までの間に、邦人は段階的に釈放されていった。最も早くドランシー収容所から出たのは、薩摩の思い入れが強かったと思われる版画家の長谷川潔だった(図2-2)。

図2-2　長谷川潔とミシュリーヌ夫人．1942年4月，パリのシャルパンティエ画廊「長谷川の12の花束展」会場にて(猿渡紀代子『長谷川潔の世界(下)渡仏後[Ⅱ]』)

長谷川は、一八九一年に横浜に生まれ、一九一九年にフランスに入国した。作品は高く評価され、一九三五年にレジオン・ドヌール勲章を受章するまでになった。パリがドイツ占領下となってからも継続して展覧会に参加し、出品した作品はいくつも買い上げられた。長谷川を助けようと動いたのは薩摩だけではなかった。長谷川はフランス人有力者からの人望があった。

長谷川の評伝にある通り、友人であるロベール・ド・ビイとエドゥアール・モノー＝エルゼンが救出に一役を担った[27]。このおかげで長谷川はおよそ一カ月の収容生活の末、ドランシー収容所を出ることができた。
ロベール・ド・ビイは、ポール・クローデルの後任の大使として、一九二七年から二年間を日本で過ごした。ド・ビイは、長谷川が「我が国の利益に反するような政治的意見をどんな形であれ表明したことは一度もない」[28]と証言した。
エドゥアール・モノー゠エルゼンは金工作家であり、哲学の著作もある。長谷川の逮捕についてモノー゠エルゼン自ら収集したという情報では、逮捕は「現代で最高の版画家の一人」に対する嫉妬に駆られた密告のせいだった。モノー゠エルゼンは、長谷川はドイツ占領下において親仏的態度を貫き、請われてもドイツ人には作品を売らなかったと証言した。その上、心臓疾患があるため、収容所生活が続くと命が危険にさらされると警告した。[29]
長谷川は七月二〇日頃にドランシー収容所から出所した。日本人の中では最も早く自宅に戻ることはできても、引き続き監視下に置かれ、警察に出頭することも義務づけられ、「心身共に大なる影響を受け、殆ど制作を停止」していたという。[30]
このように長谷川は有力者からの力添えにより、他の日本人に先駆けて釈放された。だが、自然な流れでそうなったのではなく、長谷川のフランス人の妻ミシュリーヌがあちこちに頼み込んだ結果だったのではないか。私はフランス国立公文書館で見た椎名其二の手書きメモをきっかけに、そのように考えるようになった。そこには、パリ解放という展開を迎えての知人らの振る舞い、拘束や釈放の噂、椎名の感想がありのままに書きつけられていた。[31] 夫の釈放のために最も奔走したのは妻自身だったとしても不思議ではない。

一九四五年八月半ば、ドランシー収容所は、内務大臣によって閉鎖されることが決定された。日本人収容者たちは、南西に約一〇キロの所でパリの東端にあるトゥレル収容所に移されることになった。トゥレル収容所には仏人対独協力者など一五〇人がすでに入所していた。九月七日と八日の二日間をかけて、ドランシー収容所から囚人が移された。[32]トゥレル収容所に収容されていた外国人リストの国籍欄を見ると、実にさまざまな国の人がいたことがわかる。ロシア、イタリア、ハンガリー、ドイツ、ルクセンブルク、スペイン、ルーマニア、スイス、チェコ、オーストリア、アルメニア、ポーランド、ギリシャ、ベルギー、リトアニア、そして日本。[33]

現在、トゥレル収容所として利用されたこの場所は、対外治安総局の本部となっている。そのため、鉄条網が張られている高い塀には「保安地区　写真撮影禁止」という表示板が一定の間隔で掲げられ、多くの監視カメラが通りに向けて配置されている。

収容された日本人は、一九四五年秋から冬にかけて順次釈放されていった。一番に釈放された長谷川潔の後、日付は不明だが、一人が釈放された。一〇月九日には四人が釈放された。約二カ月後の一二月五日には、さらに五人が釈放された。スパイ容疑で拘束されていた最後の日本人が釈放されたのは、その二週間後だった。[34]

全国の収容所は、収容者の減少により整理され、一九四六年には最後まで残っていた収容所が閉鎖された。ドランシー収容所は、本来の住宅としての機能を果たすべく計画が進められた。そして現在も集合住宅として利用されている。

第3章　パリで活躍した「もぐり新聞記者」
——「日本人は戦勝者と同盟している」

「レジスタンス」の紹介者

私は二〇一七年春まで東京、目黒の在日アルジェリア大使館で秘書として勤務していた。アルジェリアは一九世紀前半から一三〇年以上フランスの統治下にあった。戦争の末、独立を勝ち取ったのは一九六二年だった。アルジェリアの歴史には、独立運動を極東から支援していた複数の日本人がいたことが刻まれている。その一人に淡《だん》徳三郎がいる。

上司であったアルジェリア人大使から淡の家族に連絡を取るように指示を受けたとき、「また出会った」と驚いた。

当時、私はパリ解放時にドイツ兵士と関係をもったと疑われて丸刈りにされたフランス人女性たちについて書いていた。一九四九年の淡の著作『解放』は、一九五〇年に『続抵抗』と改められて再び出版されるが、丸刈りに関する描写がある数少ない日本語の文献だ(1)。

『続抵抗』巻末に付いた著者略歴の後半部分にはこのように書かれていていた。

一九三五年三月、フランスに亡命。
一九三五年四月〜一九四四年八月、パリ在住。
一九四四年八月〜一九四五年四月、ベルリン在住。
一九四五年五月、満洲新京に到る。
一九四六年一月〜一九四八年七月、ソ連アルマ・アタに抑留生活を送る。
一九四八年八月、帰国。

なるほどドイツ占領下から解放時にかけてパリに住んでいたからこの本を書いたのか。初めてその本を手にしてから何年間もその程度にしか思っていなかった。私は大使から指示を受けるまで、淡が一九五〇年代半ばに始まるアルジェリア独立運動の支援者として活動したことを知らなかった。

数日後に淡の次女である花岡民子さんが大使との面会のため大使館を訪れた。秘書である私もお父上の本の読者であることを打ち明けた。民子さんは個人的に話を聞かせてほしいという要望に快く応えてくれた。

一九〇一年、淡徳三郎は大阪に生まれた。三歳で父親を亡くし、母親は内職で日銭を稼いだ。裕福ではない幼年期を送ったが学校の成績は優秀で、高校では学費免除の特待生となり、素封家の援助を受けて京都大学に進学した。大学在学中にはマルクス主義の研究に没頭した。マルクス主義研究サークルが弾圧された一九二五年の京都学連事件、共産党員が大量検挙された一九二八年の三・一五事件に関連して、計四回の拘留を経験した。一九三〇年代に入ると家族との生活のために同志たちとは距離を置くようになり、学術研究や翻訳活動に従事した。ついには「思想善導」のための施設である大孝塾の研究員となることで、「転向」した。その頃、仕事を得ようにも「元思想犯」を雇うような会社などなく、切羽詰まって思いついたのが海外留学だった。一九三五年、外から日本のいいところを把握したいと説く淡に共感した人物の斡旋を得て、旅券や資金を手にし、家族を残して単身パリに渡った。

民子さんが何気なく語った家族ならではの、あるエピソードが気になった。

今では、ドイツ占領下のフランスでの占領当局やその協力者に対する反抗運動のことを日本語で「レジスタンス」と呼ぶが、初めにそうカタカナで表記したのは父親の淡徳三郎なのだ、と民子さんは母親から聞いたことがあるそうだ。淡徳三郎が一九四九年に発表した『抵抗　レジスタンス――ドイツ占領下の四年間』は、日本語で書かれたレジスタンスについての概説書の嚆矢である[2]。この作品によって初めてまとまった形でフランスの「国民的運動」が日本に紹介された。

ところが「レジスタンス」と今では呼ばれる行動は、ドイツの同盟国の人間としてフランスに生きた日本人には「テロ行為」であり、むしろ自分たちに危害を与えかねないという認識が普通だったようだ。このような行動を起こす集団は、日本国内で発行された雑誌や戦後まもなく書かれた日本人の回顧録では「反徒団」「仏国内反軍」「反独分子」「謀反組」「反抗団員」などと呼ばれ、ドイツでの義務労働を忌避して森林に入り戦士となった若者で、コルシカ島で藪を意味する語に由来する「マキ」には「匪賊」という呼び名が使われた。

淡徳三郎が、それまでの「テロ行為」を反独国民運動としての「レジスタンス」と紹介したことは、日本人としての視座が一八〇度変わったことを意味する。同じ頃、日本の労働組合や仏文学者たちがそれぞれの関心から「レジスタンス」を紹介しているが(3)、運動そのものを日本で初めて紹介したのは淡だといっていいだろう。

「レジスタンス」の担い手である個々のグループは、考え方の違いや対立はありながらも、自らの命をも顧みず、ドイツからの祖国解放の実現という一点を目指し団結した。だが、この美しくさえある運動が日本で人口に膾炙し、ドイツ占領下フランスといえばレジスタンスというイメージが定着したことで、ドイツ側に与《くみ》していた在仏日本人の立場や活動がみえにくくなり、ついには忘れられてしまったとはいえないか。

私は民子さんに、ドイツ占領下パリに住んだ日本人について現地で調べてみたいと思っていると話し、徳三郎のパリ時代について何か見つかれば知らせると約束した。

『日仏通信』

こうして向かったのは、パリ・ナンテール大学現代館だった。キャンパス内にあるこの文書館には、淡徳三郎が彫刻家の高田博厚《たかたひろあつ》と共にパリで発行していた新聞である『日仏通信』の一部が保管されているからだ(4)。『日仏通信』は一九三六年から約五年間続いた邦人向け日刊紙だ。

発刊のきっかけは、手持ちの資金が底を突きそうになった淡から高田への提案だった。それまで存在した在パリの邦人向け新聞は「与太もの」(5)で続かなかったとして、「日刊にして、まじめなものを出せば……」というアイデアを持ちかけた。ここで二人が話しているのは『巴里週報』のことだろう。

『巴里週報』はパリで発行されていた日本人向けの週刊の新聞で、一九二五年から一九三三年頃まで続いた。日本大使館や日本人会からの通知、催しの告知や報告だけでなく、読者からの投稿も紙面を賑わせた。主宰していた石黒敬七が帰国したことで、終刊を迎えたとみられている。(6)『日仏通信』の話が持ち上がった頃は、日本人向けの媒体の空白期間だった。淡の提案を受けて高田は補助金を出してもらおうと日本大使館に赴き、これを取り付けた。

ＡＦＰ通信の前身であるアヴァス通信社に豊富に入る日本の情報のほとんどは、フランスの新聞に出ることはなかった。現在の時事通信社と共同通信社の前身である国策の同盟通信社のパリ特派員であった井上勇が、このような情報を入手しては、高田たちに「内緒で」流してくれることになった。井上は、特派員としてそれを手にする権利を有していた。井上の事務所で得た電報を、淡が日本語に訳し、高田がガリ版書きを担当した。印刷は高田のアトリエで行われた。部数は六〇〜七〇部で、毎月の購読料と大使館からの補助金で成り立った。

『日仏通信』は日本の国内事情、中国大陸での戦況、ヨーロッパの不穏な動きを日々報じると共に、在仏邦人向けの通知手段としても機能していた。日本人向けに記事を練るかぎり『巴里週報』と内容が似てくるのは必然だろう。日本大使館や日本人会主催の集い、在仏日本人による展覧会、音楽会や運動会などの行事が『日仏通信』を通じて伝達された（図3-1）。日本人のあいだで評判となった『日仏通信』は、やがてフランス人の目にも留まった。フランス共産党機関紙『リュマニテ』は、高田博厚を「世界一小さな新聞の編集長」として、座卓で作業に勤しむイラストを載せて紹介した。(7)

一九三六年に創刊して以来守っていた、週一休みの日刊というペースが、一九三九年に第二次世界

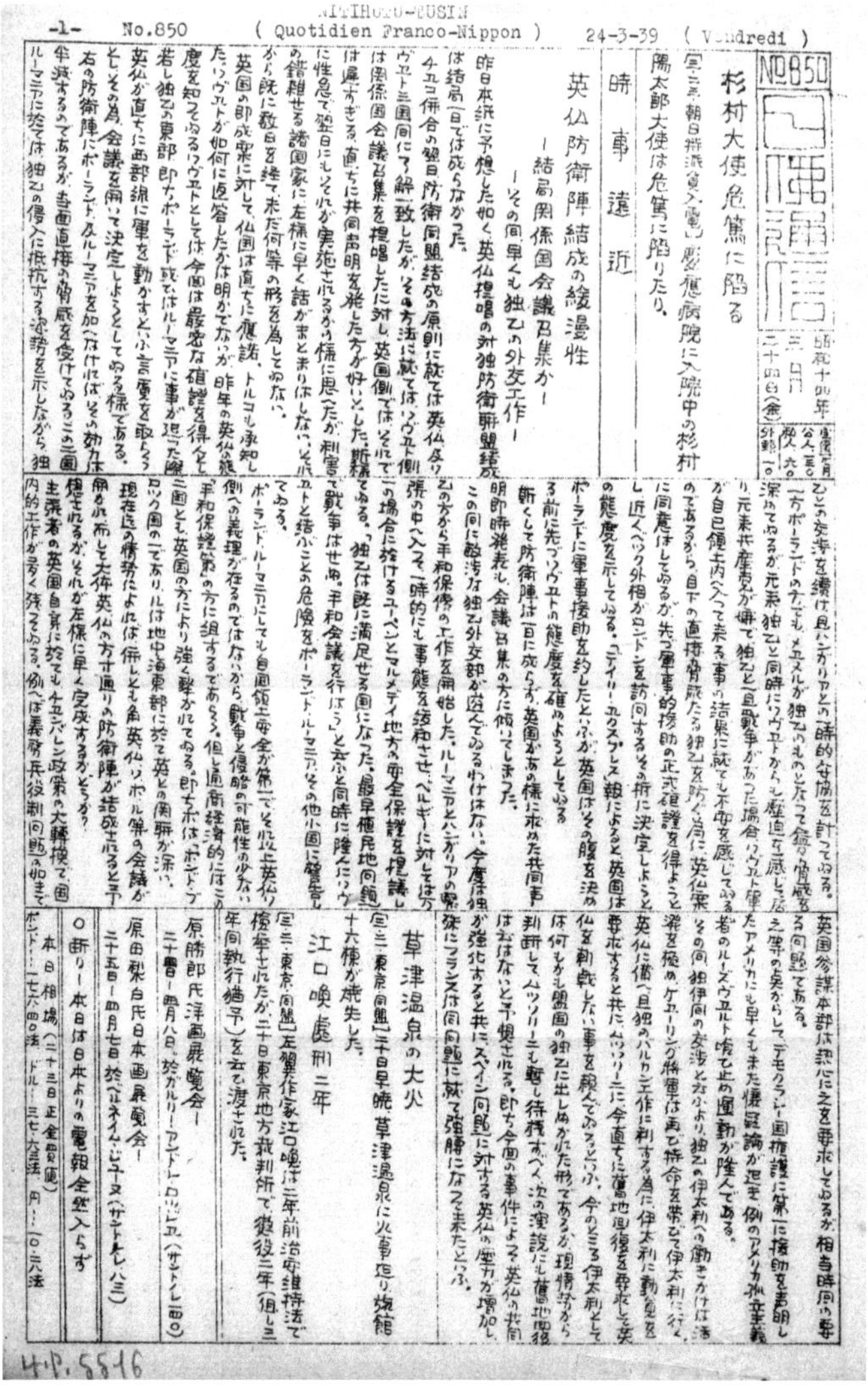

NITIHUTU-TUSIN

-1- No.850 (Quotidien Franco-Nippon) 24-3-39 (Vendredi)

No850 日仏通信 昭和十四年三月二十四日(金)

杉村大使危篤に陥る

(巴里二三日朝日特派員入電) 慶應病院に入院中の杉村陽太郎大使は危篤に陥りたり。

時事遠近

英仏防衛陣結成の緩慢性
—結局関係国会議召集か—
—その間早くも独乙の外交工作—

昨日本紙に予想した如く英仏提唱の対独防衛聯盟結成は結局一日では成らなかった。

チェコ併合の翌日防衛同盟結成の原則に就ては英仏及ソヴエト三国間にて一致したが、その方法に就てはソヴエト側は関係国会議召集を提唱したに対し、英国側ではそれでは遅すぎる、直ちに共同声明を発した方が好いとした。斯様に性急で翌日にもそれが実施されるかの様に思へたが、利害の錯雑せる諸国家に左様に早く話がまとまりはしない。それから既に数日を経て未だ何等の形を為してゐない。

英国の即成案に対して仏国は直ちに應諾、トルコも承知したが、ソヴエトが如何に返答したかは明かでないが、昨年の英仏の態度を知ってゐるソヴエトとしては今回は最も確な確證を得なくては、若し独乙の東部即ちポーランド或はルーマニアに事が起った際英仏が直ちに西部線に軍を動かすといふ言質を取らうとし、その為会議を開いて決定しようとしてゐる様である。

右の防衛陣にポーランド及ルーマニアを加へなければその効力は半減するのであるが、当面直接の脅威を受けてゐるこの二国、ルーマニアに於ては独乙の侵入に抵抗する姿勢を示しながら独乙との交渉を続け且ハンガリアとの一時的な妥協を計ってゐる。一方ポーランドのベックも、メエメルが独乙のものとなって鋭い脅威を深めてゐるが、元来独乙と同時にソヴエトからも壓迫を感じて居り、元来共産党が嫌で独乙と一旦戦争があった場合ソヴエト軍が自己領土内へ入って来る事の結果に就ても不安を感じてゐるのであるから、目下の直接脅威たる独乙を防ぐ為に英仏案に同意はしてゐるが先づ軍事的援助の正式確證を得ようとし、近くベック外相がロンドンを訪問するその折に決定しようとの態度を示してゐる。「デイリー・エクスプレス」紙によると英国はポーランドに軍事援助を約したといふが、英国はその腹を決める前に先づソヴエトの態度を確めようとしてゐる。

斯くして防衛陣は一日に成らず、英国があの様に求めた共同声明即時発表も会議召集の方に傾いてしまった。

この間に敏捷な独乙外交部が遊んでゐるわけはない。今度は独乙の方から平和保障の工作を開始した。ルーマニアとハンガリアの緊張の中へ入って一時的にも事態を緩和させ、ベルギーに対しては万一の場合に於けるユーペンとマルメディ地方の安全保障を提議してゐる。「独乙は既に満足せる国になった。最早植民地問題で戦争はせぬ。平和会議を行はう」と云ふと同時に陰にソヴエトと結ぶことの危険をポーランド・ルーマニアその他小国に警告してゐる。

ポーランド・ルーマニアにしても自国領土の安全が第一でそれ以上英仏ソ側への義理が在るのではないから、戦争と侵略の可能性の少ない「平和保障策」の方に組するであらう。但し通商経済的にはこの二国とも英国の方により強く繋かれてゐる。即ち米は「ボンド・ブロック国」の一つであり、ルは地中海東部に於て英との関聯が深い。

現在迄の情勢によれば兎も角英仏ソポル等の会議が開かれ、而して大体英仏の方寸通りの防衛陣が結成されると予想されるが、それが左様に早く完成するかどうか?

主張者の英国自身に於ても、チェンバレン政策の大転換で国内的工作が多く残ってゐる。例へば義務兵役制問題の如きも英国参謀本部は熱心に之を要求してゐるが相当時間の要る問題である。

之等の点からして、デモクラシー国擁護に第一に援助を表明したアメリカにも早くもまた懐疑論が起き、例のアメリカ孤立主義者のルーズヴェルト喰ひ止めの運動が盛んである。

その間独伊間の交渉といふより独乙の伊太利への働きかけは活潑を極め、ゲーリング将軍は再び特命を帯びて伊太利に行く。英仏に備へ且独のバルカン工作に利する為に伊太利に勤勉を要求すると共に、ムッソリーニに今直ちに舊地回復を要求して英仏を刺戟しない事を頼んでゐるといふ。今のところ伊太利としては何もかも盟国の独乙に出しぬかれた形であるが、現情勢から判断してムッソリーニも暫し待機すべく、次の演説にも舊地回復はないと予想される。即ち今回の事件によって英仏の共同が強化されると共に、スペイン問題に対する英仏の壓力が増加し、殊にフランスは同問題に就て強硬になって来たといふ。

草津温泉の大火

(東京二三日同盟) 二十日早暁、草津温泉に火事起り旅館十六棟が焼失した。

江口渙處刑二年

(東京二三日同盟) 左翼作家江口渙は二年前治安維持法で検挙されたが、二十日東京地方裁判所で懲役二年(但し三年間執行猶予)を云ひ渡された。

原勝郎氏洋画展覧会

二十四日—四月八日、於ガルリー・アンドレ・ロッジェ(サントレ 四〇)

原田梨白氏日本画展覧会

二十五日—四月七日、於ベルネイム・ジュース(サントレ 八三)

○断り—本日は日本よりの電報全然入らず

本日相場(二十三日正金買値)
ボンド… 一七六・四〇法 ドル… 三七・六三法 円… 一〇・二八法

4P.5516

図 3-1 『日仏通信』850 号，1939 年 3 月 24 日金曜日（LC_4P_05516_1939_850 «Collection La contemporaine»）

大戦が開戦した頃から崩れ始めた。ドイツがベルギーに侵攻してからは、紙面の大部分は邦人への通知や注意が占めるようになった。

一九四〇年の在仏日本人の引き揚げ

パリの日本人社会に関する和田博文らの研究グループの調査によると、一九三八年には在仏日本人の数は五〇〇名を超えていたが、一九三九年にその人数は三〇〇名ほどにまで減少した(8)。この減少は、欧州での開戦に伴い、フランスを含む欧州からの引き揚げが進んだことによる。一九四〇年五月、しばらく動きがなかった西部戦線が急に展開し始めた。

開戦時の漠然とした脅威とは異なり、オランダ、ベルギー、ルクセンブルクを侵略したドイツ軍がフランスに進撃してくるのは時間の問題だった。住人はドイツ兵が攻めてくるのを恐れた。

第一次世界大戦以来、女を犯して体を切断するなどのドイツ兵のイメージは、口から口へ言い伝えられてきた。一九四〇年五月から六月初旬、新聞各紙はドイツ軍による占領を受けたフランス北部で当時ドイツ兵によってなされた市民への残虐行為を再び書きたてた。

フランス人は、恐れをなして南を目指して逃げ出していた。列車に乗れたのは初動が早かった人びとだ。裕福な人は自動車を使った。自転車や荷車を調達できた人は、家財道具を高く積み、紐で括り付けて町を出た。移動や輸送の手段がない人は鞄を提げて、徒歩で自分の町を後にした。沿道には大渋滞が起きた。故障車や、過剰な荷物の重みで車軸の壊れた荷車が道に放置され、いっそう通行を困難にした(9)。

このような「時局の急迫せる情況に鑑み」在仏日本大使館は、在仏日本人に対して引き揚げを勧告した。『日仏通信』は一九四〇年五月一八日、号外を出してこれを伝えた。[10]

フランス政府はパリを捨て、南西約二〇〇キロのトゥールへ移動した。国会議員や政府高官はトゥールの周りのトゥレーヌ地方に点在する城に分散して避難した。日本大使館もそれを追った。

このとき、どれくらいの日本人がパリに残っていたのだろうか。『日仏通信』号外の同じ紙面には、在留邦人数はまだ二〇〇名を超えていたとある。パリに勤務する大使館関係者及び諸会社在勤者は、家族を含む一〇五名であり、その他自由職業の者が九七名であった。その内訳は、「美術家二五、学生二四、自由職業二六、家庭労働者二二」で、このうち独身婦人は九名いた。「帰国か否かの決心を要するは、この九七人である」としている。[11]

大使館による帰国の勧告に強制性はなく、残るか引き揚げるかは個人の判断に任された。引き揚げない人もできるだけパリを離れることが推奨された。大使館は、特に婦女子に対しては、フランス南西部のビアリッツへの避難を呼びかけた。大西洋岸の高級保養地であるビアリッツには、パリのオステルリッツ駅から一日三便の列車が出ていた。乗車賃は原則自己負担だったが、現金が不足している者には大使館が便宜を図る準備があった。避難場所としたホテルには、部屋が確保された。

引き揚げのためには、ヨーロッパに向かっている三隻の船のどれかに乗船することが呼びかけられた。一九四〇年五月末にマルセイユに寄港する予定の伏見丸、六月中旬の白山丸、六月下旬の榛名丸だ。連日のように、『日仏通信』は、これらの船の寄港予定日や空室残存数を示して、在仏日本人に決断を促した。[12]

こうして数十名がフランスを去った。一九三〇年代をパリで過ごした著名な芸術家や文化人も含まれた。伏見丸には画家の藤田嗣治《つぐはる》や高野《こうの》三三男《みさお》、同盟通信社記者で『日仏通信』に協力していた井上勇、白山丸には、芸術家の岡本太郎、画家の荻須《おぎす》高徳《たかのり》や猪熊《いのくま》弦一郎《げんいちろう》が乗船した。パリに呼び寄せられていた淡徳三郎の家族もこの船で帰国した。引き揚げた人びとは、帰国後、一兵卒として、戦争画家として、従軍記者として、戦争に関わった。請われて渋々か、自ら意気込んでかは、それぞれだっただろう。

『日仏通信』は、六月一〇日の一一八六号では続刊の意思を示していた[13]。だが、この方針を発表して以降の『日仏通信』の所蔵はどこにも確認できず、この号をもって廃刊になったのか、この後もしばらくは刊行されたのかを特定することはできなかった。いずれにせよ、『日仏通信』は、多くの日本人が去ったことで購読者数が減少し、発行を続けることは困難になったとみられる。

一九四〇年六月一四日、人口が五分の一になっていたパリに、ドイツ軍は入城した。フランス政府はトゥールからさらに南下しボルドーに移った。ポール・レノー内閣は総辞職した。日本大使館や企業、淡徳三郎もボルドーへ移った。内閣首班に任命されたフィリップ・ペタンは、ドイツ側に休戦を提案し、一七日、戦争行為の即時停止を国民に宣言した。二二日、パリ北方のコンピエーニュの森で、独仏間に休戦協定が結ばれた。フランス政府は中部の温泉保養地ヴィシーに移った。七月一〇日、両院合同会議により、ペタン元帥は全権を付与された。一一日、ヴィシー政権が成立した。

フランスに残留した日本人

『日仏通信』は発行されなくなったが、淡徳三郎も高田博厚も帰国勧告には従わず、フランスに残った。二人は例外ではなく、在仏日本人の半数近くは帰国を選ばなかった。

ドイツ占領時代の一九四三年に巴里日本人会が作成した在仏邦人名簿には、二二四名の名前が記載されている。住まいはパリとその近郊が一番多く一三八名で、ヴィシーの二七名、マルセイユの一八名がこれに続く。なお、この名簿には、名前から推測するに朝鮮半島出身者六名が含まれている[14]。

休戦協定によりフランスは分割された。大雑把に分けると境界線を境に北半分はドイツの「占領地区」となり、南半分の「自由地区」はヴィシー政権に委ねられた。

ヴィシー政権が成立した頃は、多くの国がヴィシーに大使館や公使館を置いた。だが、その数は年々少なくなっていったようだ。一九四〇年にはベルギーやルクセンブルクなど八カ国、一九四一年にはデンマークやソ連などの六カ国、一九四二年にはアメリカやカナダなど一四カ国、一九四三年にはアルゼンチンやボリビアなど九カ国が撤退した。一九四四年八月にヴィシーに代表を置いていたのはスペイン、スウェーデン、スイスなどの中立国や、ドイツの同盟国と旧同盟国の一三カ国のみとなった[15]。

日本は始めから終わりまでヴィシーに大使館を置いていた国の一つだ。事務所として、まずアリエ河岸通り四一番地のルクス・オテルを借り[16]、後にポール・ドゥメール大通り六二番地に移った。パリの大使館は領事館とされた。陸軍事務所と海軍事務所はヴィシーとパリの両方に設置された[17]。大使をはじめとした主要な職員はヴィシーの方に配置されたが、業務に応じて南北の境界線を越えて往来した。マルセイユでは、それまで通り領事館が仕事を続けた。

ヴィシー政権が成立したときの大使は澤田廉造《さわだれんぞう》だ。一九四二年二月に後任の加藤外松《そとまつ》が公邸のベランダから転落して急死すると、スイスで公使をしていた三谷隆信が引き継いだ。信任状捧呈など儀礼的な行事や、首相や閣僚と日本の代表団との面会、インドシナをめぐる協定などの国家間の交渉はヴィシーで行われた。

パリがドイツ占領下となっても、日本大使館は在仏日本人を招待して恒例の祝宴を開いていた。その際には大使館や軍の関係者はヴィシーからパリへ赴き、元日、紀元節、海軍記念日、明治節をパリの公館で祝賀した。

淡徳三郎の日記

パリ・ナンテール大学現代館には、『日仏通信』だけではなく数年分の淡徳三郎の日記も所蔵されていた。だが端末で資料請求すると、画面に「閲覧不可」という表示が出た。通りがかった職員に閲覧不可である理由を尋ねても、「残念ですね」と同情するだけだ。

「また改めて来ればいいか」と呑気に考え閲覧席に戻り、『日仏通信』の続きを読んでいた。それからどれだけ時間が経ったかは覚えていないが、貫禄のある男性が近寄ってきた。

「淡徳三郎の日記を請求したのはあなたですね。自分のところで整理中だけど、関心があれば部屋に来なさい」

反射的に立ち上がって閲覧したい意思を告げた。男性の後について階段を上がり、部屋に通された。積み上げられた書類の溢れ方や机上の散らかり方は芸術的だった。男性は史料部長と書かれた名刺をくれた。それを見てひるんだが、取り繕って自己紹介をした。部長は言った。

「この作者について、日本の記者だという情報以外に、あまり詳しいことがわかりません。作者の情報は資料を整理する上でとても重要なのです。何かご存知でしたら教えてください」

淡徳三郎についてごく簡単に口頭で説明し、詳しくはホテルに帰ったらメールで送ることになった。こうして、協力する代わりに整理中の日誌を閲覧させてもらうという取引が成立した。民子さんに持って帰れる収穫ができて胸をなでおろした。

『日仏通信』の発行が止まった後も、淡と高田は一緒に仕事をしていた。ハンガリー人のアルフレッド・タインも二人に加わり、行動を共にした。淡の日記や新聞の切り抜き帳には日々の行動、世の中の動き、洞察が書きつけられ、余白には戦時債券、オペラ・コミック座の入場券、ドイツ大使館主催のレセプションや昼食会の招待状、そのときのメニュー、演説会への報道陣用入場券、名刺が貼られている(18)。

淡は、ベルリンの満鉄欧州事務所長成田精太の便宜により、満鉄が出していた『大連日日新聞』のパリ特派員という肩書を与えられた。

『日仏通信』時代は、同盟通信からもらった仏語電報の翻訳が主な仕事だった。ドイツ占領下になりこの肩書を得たことで、活動範囲を広げた模様だ。日本に帰国後の一九四八年に著した『三つの敗戦』では、この時期の自分を「もぐり新聞記者」と称し、「うまく外国新聞記者協会にもぐりこみ、

図 3-2　ドイツ軍の案内による軍事施設視察旅行中の日本人記者たち．最前列の右から 2 番目が淡徳三郎（LC_PH_T_0838 «Collection La contemporaine»）

在仏公認通信員となり、又その肩書で独仏のいろいろな知名の人物とも接触することが出来た」と綴っている。[19] 実際、ド・ブリノン、マルセル・デア、ジャック・ブノワ゠メシャンなど対独協力派有力者へのインタビュー記録、ドイツが主催したブルターニュ地方からバスク地方までの大西洋岸の軍事施設への視察旅行に参加した際の覚書、オテル・リッツで行われた満洲国建国一〇周年記念レセプションや、シャイヨ宮での演奏会開催準備に駆けずり回っていたことがうかがえる雑記が残っており、淡の特殊な立場を裏付けている（図 3-2）。

淡は、日本大使館の職員、日本の商社員、ドイツ大使館や宣伝省の職員、外国人記者たちと情報交換のために毎日のように会っていた。会合はしばしば、日本食レストランやシャンゼリゼ界隈にある高級レストランなどで行われた。時には食事後にキャバレーにも足を運んでいた。職業上のつながり以外でも、さまざまな国籍の友人を自宅に招いていた。観劇やブローニュの森での散歩も好んでいたようだ。

淡はドイツ、特にベルリンには何度も滞在した。ベルリンでは日本大使館や満洲国公使館に挨拶回りをした。同じようなメンバーを少しずつ組み替えながら意見交換をした。逆にベルリンから知り合いがパリに来た際には、案内役を務めた。

仏独間の往来は、淡のような記者のみならず、芸術家もしていた。パリで活躍していた舞踏家の原田弘夫は、ドイツにおいても発表の場を得ることになったし、[20]「美貌の天才少女」と呼ばれたバイオリニストの諏訪根自子《すわねじこ》もパリとベルリンとを往復する生活を送っていた。[21]画家の平賀亀祐は、ベルリンの日本大使館に飾る絵の制作を駐独日本大使大島浩に請われて、ベルリンに赴いた。[22]

淡徳三郎の『三つの敗戦』には自伝的要素が詰まっている。ところが、ドイツ占領下のパリ時代に関しては、政情の記述に終始し、日記に記されているような日常については言葉を濁している。「抵抗《レジスタンス》」という語で想起されるような活動とは相反するような仕事に従事し、同時代の日本での生活はもちろん、一般のフランス人の生活と比較しても、余裕があり華やかにさえ見える生活を送っていたことは、特に敗戦直後の日本において簡単には明かせなかったのだろう。

日本人に与えられた特権

ドイツ占領下フランスでは、外交官や新聞記者や芸術家でなくとも、日本人というだけで享受できた特権があったようだ。この特権を裏付ける法令などの公文書を見つけることはできなかったものの、これを語る個人のエピソードを見つけるのは難しくない。

フランス人学生は四人以上で集合することを禁じられたのに、日本人の家はその例外とされた[23]。夜間外出禁止令の下でドイツの巡警に引っ張っていかれそうになったところ、「自分はドイツの友邦国、日本国民である」と訴えてことなきを得た[24]。県をまたぐ移動に必要な通行証を、人脈を生かして入手できた[25]。

全員ではないが多くの人が享受していた特権は、一般のフランス人よりも多くの配給切符を手にしていたことだろう。

フランス人は年齢や職業や居住地によって分類され、その分類に応じて、入手できるパン、肉、乳製品などの食料や燃料の量が規定された。配給切符はこの情報をもとに配られた。ヴィシー政権にとって、公平に配給が行われるよう制度を整えることは急務であった。

だがドイツによる天引きの量や、闇市に流れる量が増えることによって、フランス当局が集められる量は減少し、国民が配給により入手できる物資の量はますます限られるようになった。国民は、物資を受け取るための長蛇の列にもうんざりしていた[26]。

フランス在住の日本人は、ドイツ人と同じだけの配給切符を要求できたとみられる[27]。物資が十分に手に入らない状況で、少しでも余分に得る権利があると知らされ、しかも周りの人間がその権利を行使しているとわかれば、自分もそうするのが普通だろう。しかし加藤菊枝はそうでなかった。加藤はフランスに愛着があり帰国船には乗らずにパリに留まったが、勤めていた三菱商事からは解雇され、定収入がない状況だった。それにもかかわらずだ。

切符による配給制度が始まったのは、一九四〇年秋からだった。この時期、日本の大使館や商社のひとたちには、特別の配給があったり、ちょうど日本の戦後のＰＸ〔post exchange の略。米軍の売店〕のようなところで食料品を手に入れることができた。彼らの好意を利用してそれらを手に入れる同胞もいたが、私はフランス人と同じように配給で買う以外、正当でないことはしなかった。フランスの国にいる以上、その国のひとと同じ生き方をとるべきだと考えていたからだ。その結果、次にご紹介するように、私は文字どおり孤軍奮闘することになるのである。(28)

解雇されていつまでも途方に暮れているわけにはいかない。編み物の注文をとってきて仕上げては代金を受け取ったり、帽子の修理で食料品の現物を得たりと「孤軍奮闘」した。配給の列に並ぶ外国人は冷たくあしらわれても、フランス人と同じやり方を貫いた。

一方で、特権使用を悪びれることなく記す日本人もいる。

高田博厚は配給切符について「日本人は戦勝者と同盟しているのだから、二倍切符がもらえる。その上、私は外国記者協会副会長という特権階級だったから、五倍切符がいただける」と記している。他にもある。「毎月米を二〇キロ」「一般に禁止されていた自動車運転」「毎月ガソリン七〇リットル」「演劇映画音楽の木戸御免券」。だが、米をフランス人の友人に分けていたことを回顧録の中で付け加えている。(29)

一九四四年夏の脱出

一九四三年七月、連合軍はシチリアに上陸、イタリアは九月に連合軍と休戦協定を結び、枢軸国から離脱した。イタリアの次はフランスに連合軍が上陸すると予想されていた。その際には、主にパリに住む日本人をベルリンに避難させるという計画が、日本大使館や軍の関係者を中心に練られていた。

一九四四年六月、連合軍はノルマンディ海岸からフランスに上陸した。

連合軍は、急いでパリに入る必要はなく、できるだけ遅らせようとさえ考えていた。パリを戦場としないためであり、まだ先は長いと見込まれるので燃料や弾薬を少しでも節約したかったからでもあり、さらにパリ市民に食料を配るとなると負担となるからであった。

他方、ドイツ当局は、八月九日にはパリからの撤収を徐々に始めていた。まずは行政機関の職員と軍の女性職員から去っていった。翌日には民間人がパリ東駅に集められた。

ドイツ軍が占拠していたパリのあちこちの建物からは、段ボール、スーツケース、自転車、タイヤなどが次々と運び出されていった。荷物をいっぱいに搭載したトラックや、撤退してきた軍用車がパリの街を通り抜けるようになった。

この様子を眺めていたパリ市民は、行動を起こした。八月半ば、鉄道員、地下鉄職員、バス運転手、警察官、郵便電信電話局職員がストライキに入った。ドイツ兵との小競り合いや発砲騒ぎで病院は怪我人で溢れた。多くの市民は連合軍の到着を待ちつつ、落ち着かなかった。

ドイツの同盟国人としてパリで自由に振る舞っていた日本人は、別の理由で落ち着かなかった。太平洋上で自国が交戦しているアメリカを含む連合軍が到着する前に、パリを脱出するかそのまま居残るか身の処し方の決断を迫られた。彼らは、財産を没収され収容所へ送られていったユダヤ人や、急に姿を消したレジスタンス活動家を見知っていたはずであり、残留した場合、同じ運命をたどる自分の姿が頭をよぎったのではないだろうか。配給切符を余分に受給していたかと問われれば、心当たりがある者は、かなりの数に上ったと思われる。少なくともドイツの庇護がなくなりこれまで通りには暮らせなくなることは目に見えていた。フランスで日本人が「敵性外国人」になる前にそこを離れるべきだと考えるのは自然だった。

組織の命令などで脱出しか選択肢がない者以外は、決断は個人に委ねられた。集団行動する安心を選ぶ者、たった一人でも残ると決めた者、フランスに愛着があり離れようとは思わない者、フランスに憧れて来たが未練なく去ることにした者、研究のため離れ難く最後まで決心がつかない者、軍国主義の日本が嫌いで帰る気がない者、フランス人家族と共に留まる者、フランスで築いた家庭を手放し単身去る者、フランスの家族も連れて逃げる者。

八月一二日、朝日新聞特派員の衣奈多喜男《えなたきお》は、海軍事務所でパリからの引き揚げをめぐって在留邦人同士で紛糾しているところに出くわした。

　引あげ組と残留組が二つにわかれて意見が対立していた。わざわざ出迎えにきたベルリン在留邦人の代表が、一夜酒がききすぎて、口を滑べらした言葉のなかに

「どうせ逃げ出しても、あと二、三週間でドイツも手をあげるだろうが……」

ということがあったというので、残留組が俄然強硬になり「言葉もわからず、仕事もできず、寒い敗戦のドイツで捕えられるのなら、わがなつかしのパリで、フランス軍なりアメリカ軍に直接捕えてもらうに如くはない」と頑張るものが多かった。ヴィシー大使館の三谷大使一行とは、全然通信連絡の方法もなかったので、パリ総領事館では引揚げの大使命令も出すわけにいかず、齋田総領事代理が一人で気を揉んでいた。結局パリ組は四〇家族が一三、一四の両日出発に決定したが、早川雪洲君をはじめパリ生活に根をおろしたふるい人や芸術家連中二四名は、情勢がどう変ろうともふみとどまることになった。ローマ引揚げにくらべると、さすがにパリは、うしろ髪をひかれる魅力の方が強かった。(30)

そして日本人のパリ集団脱出が決行された。後にフランス当局がまとめた報告書には、これについて簡潔に書かれている。

パリの日本人居留民の脱出は何度かに分けて行われた。まずは、鉄道で女性と子どもがパリから送り出された。この脱出は、ドイツ軍が撤退を始めた時期に実行された。次は日本人男性たちだが、目立たぬように、三台か四台の車列でパリを去った。こうして、日本領事館の館員や、パリにいた大部分の日本人はパリを後にした。出発は必ず夜中で、深夜三時頃だった。このような輸送の最後のものは一〇日ほど前に行われた。(31)

この報告書だけを読むと、脱出はあたかも手際よくなされたかのような印象を受ける。でも実際はそうではなかったようだ。当事者たちは振り返る。

前述の小松ふみ子は第一陣の鉄道による脱出に加わった。午後二時に集合したパリ東駅は「見渡すかぎりのドイツ色」だった。ホームに停まっている列車はドイツ兵を満載し、そのホームも軍隊で一杯、拡声器からはドイツ語が響いていた。小松ら婦女子にあてがわれたのは「二等の軍用列車」だった。友人アントワネットが見送りに来てくれた。「この街に起る暴動等の為めに我々日本人に危害の及ぶ事を心配して」いたからだ。「暴動にでもなれば気の立った巴里人がドイツに加担している日本人だというので我々もとんだ傍杖を喰わないものでもない」と小松も感じていた。だが待てども列車は一向に出ない。

次の日の早朝になってようやく、ホームのどこかに並んでいた列車が発車した気配がした。小松は、自分の列車の出発がいつになるかがわからない状況で、準備してきた食料や飲料水が目的地までもつかどうか、心もとなくなっていた。だから「同盟国の婦女子達であるから最大の便宜は与える」とのドイツ側からの言葉で安堵したにちがいない。小松らの列車が出たのは午後二時だった。丸一日駅構内で過ごしたことになる。

小松はフランス領内では「匪賊」出現の不安に終始とりつかれていた。鉄橋の破壊、敵機の飛来などにより随所で足止めされ、四日間かけて国境のメスまでたどり着いた。ドイツに入ってからは順調に進むようになり、バーデン・バーデン、ワイマールを通過し、五日目でベルリンに到着したと振り返る。[32]

自動車での行軍

外交官補の前田陽一は、鉄道での脱出と自動車での脱出の両方に立ち会った。パリ東駅で婦女子らを送り出す支援から大使館に戻ってきたら、今度は自分らが脱出しなければならない事態になっていた。数時間で荷物をまとめ、翌朝まだ暗いうちに大使館から出発した。三井物産、三菱商事、横浜正金銀行の代表者や、高田博厚、物理学者の湯浅年子などが八台の自動車に分乗した。淡徳三郎もこの最後の組で脱出した。前田はこの一行の「引率者」だった。

こうして大半の日本人はパリを去った。市民が蜂起し市街戦が激しくなり、街がドイツから解放されたのは、その一〇日後である。

前田陽一が引率した自動車組の一行は出発後どうなったか。

ガソリン不足から長らく使われていなかった数台の車両は調子が悪い。パリを出ないうちにエンジンが掛からなくなる車が出るほどだった。

半日走って、ヴェルダン手前でドイツ軍の番兵に止められた。その先の丘陵地帯ではレジスタンスのゲリラ部隊が出没するため、軍隊と一緒でないと通行が許可されないというのだ。空襲を避けるために通行は夜間にしか行われず、敵機に発見されぬよう、無灯火で走行しなければならないということだった。「それ迄我々とは直接関係のないような気がしていたマキ（レジスタンスのゲリラ隊）の脅威を今更の様に知らされた一行は」自動車を木陰に隠して、その辺の美しい牧場に寝そべって待った。護衛を担当してくれるドイツ軍の部隊は、大型兵器を海岸地帯から引き揚げてくる任務の途中だった。そのため、速度は出せず、ゲリラ地帯を二日間で抜ける予定であることを聞かされた。それまでに運転経験のあまりなかった商社の人びとは、山道をライトなしで行くのをひどく恐れた。そこで前田はドイツ軍の部隊長に掛け合い、ドイツ軍から六名を運転手として都合をつけてもらった。

こうして日没後に「行軍」は開始された。二晩を費やし無事にこの地帯を抜け、メスに到着し、部隊と別れた。ドイツに入ってからは、「ナチ政権自慢の」アウトバーンを進んだ。直線道路には他に車は走っておらず、空襲もなかったため、静けさに疲れが急に出てきて「余程気をつけないと運転しながらウトウトしそうにさえなった」という。調子の悪い車をだましだまし動かして進んだ。故障車が一台動くようになったかと思うと、別の車が動かなくなってしまう有様だから、思うようには進まない。

とはいえ、ドイツに入ってからはホテルで休憩できた。フランクフルト、アイゼナハ、ワイマールを通過した。ベルリンへの分岐点のヘルムスドルフのアウトバーン沿いに建てられた大きなホテルから在独日本大使館の同僚に電話がつながり、そこまで車で迎えにきてもらった。これをもって前田陽一は「引率の責任」から解放されたのだった。通常なら二日で行けるところを、六日かかった。(33)

ベルリン近郊での避難生活

現在、一九四五年一月一〇日現在の在独邦人一覧表を、国立公文書館アジア歴史資料センターのウェブサイトで閲覧することができる。(34) 一〇〇ページに及び、五〇〇名以上の姓名、出生年月日、本籍地、留守宅、旅券情報などが書かれている。

名簿にある職種は、外交官、嘱託職員、銀行員、商社員、記者、芸術家、留学生、飲食店勤務とさまざまだ。カタカナ書きの現地の女性の名前や子どもの名前も混ざっている。一覧表には、かねてよりドイツに住んでいた邦人はもちろん、前年にフランスを脱出してきた人たちや、イタリア、ベルギー、オランダから「疎開」してきた邦人が記載されている。淡徳三郎の名前もある。

だが、ベルリンは空襲が激しく「疎開」には適さなかった。そのため周辺の町や村にある城やホテルや民家が「退避所」として確保され、ヨーロッパ各地から集まった日本人は分散して避難した。各退避所では工夫された集団疎開生活が繰り広げられた。

彼らの心持ちは一様でなかった。「日本の会社の人間がフランスにとどまる自由は持たなかった[35]」とあっさり現状を受け入れた者もいれば、パリでの研究がすべてであった物理学者の湯浅年子のように、ベルリンに来てからも本当にこれで良いのか自問自答していた者もいた[36]。

なぜこのタイミングで日本人がドイツに集められたのか。これについて語る公文書が入手できなかったため回顧録に頼るしかない。高田博厚によれば駐独日本大使の「勧告」があったという。

一九四二年ごろからパリにいる日本人も、またドイツにいる者も、ドイツが戦争に勝つとは思っていなかった。そうして連合軍がいよいよフランスに押寄せてきても、彼等にどう身の振りかたを決めるという案もなかった。するとベルリンにいる日本大使は、ヨーロッパ各地にいる日本人はベルリンに集まるように勧告した。日本はソヴィエトと不可侵条約を結んでいるから、戦争

にはならず、だから一旦ベルリンに日本人を集めておいて、シベリア鉄道で帰国させる案であった。(37)

「一旦ベルリンに日本人を集めておいて、シベリア鉄道で帰国させる案」を、確かにベルリンの日本大使館は考えていたようだ。というのも、ベルリンから北東へ約八五キロに位置するクレヒレンドルフの退避所の責任者であった松島公使が、取り調べのために退避所に来訪したソ連軍の大佐に対して、シベリア経由での帰国の手立てについてソ連政府と在モスクワ日本大使館へ連絡をしてもらうよう要請しているからだ。しかしこの時点ではあくまで要請に留まり、確定的な話ではなかったと思われる。

そのためか、この案は避難していた当人たちには知らされていなかった。退避所で比較的平穏な日々を送りながらも、自分たちはどうなるのかと不安が頭をもたげてくるのだった。

パリからの集団脱出に加わった留学生の小松ふみ子はベルリン近郊のマールスドルフ城に退避していた。小松が仲間たちと想像していた最悪の場合は、フランス人捕虜がいたベルリン近郊の収容所に移され、英米ソの管理下で捕虜生活を送ることで、最善の場合は、大人数であるがゆえ、このままの状態でしばらくこの場所に居続けられることだった。(38)日本への送還など「そんな虫の好い話は早くて先ず今年末、悪くすれば二年間は不可能であろう……」(39)と完全に諦めていた。湯浅年子は日記に定まらぬ先行きへの思いを綴った。「捕えられて収容所へ入れられるのか、シベリア鉄道を通って日本へ帰れるのか、またはベルリンで研究ができるのか。何にしても、そう都合のよいことになりそうもない不安がある」[40]。

それぞれの退避所で「赤軍或いは英米軍の到着を待つ[41]」ことになった人びとの腹づもりは、捕虜になるより自決を選ぶよう叩き込まれていた戦場の一兵卒や、我先に引き揚げた満洲国政府や関東軍の幹部に置き去りにされた開拓民のそれとは異なった。一部では、どうせ捕らえられるなら、後に破れるが中立条約のあるソ連軍の方が米軍よりもましだろうと話されていたようだ。他国の軍の手に落ちたのは、予測通りだったといえる。

ソ連経由での引き揚げ

ソ連軍は、ドイツの東の国境、続いてオーデル川を越えて、一九四五年四月半ばにベルリンに総攻撃を開始した。

ソ連兵が四月下旬から五月初旬に各退避所に現れ始めた。在ベルリン総領事によるとソ連軍が現れたときのために、邦人であることを証明し保護援助を依頼するロシア語の書状が予め準備され、管内邦人に渡されていた。ある退避所ではソ連兵の態度は「丁重」で「大体に於テ好意的」だったという。だが、徹底的に略奪された退避所もあった[42]。

ソ連兵は退避所に再びやってきて、邦人たちに対しすぐに荷物をまとめるように命じた。退避所からベルリンのリヒテンベルク駅へ移動し、列車でモスクワに行ったグループもあれば、退避所からトラックや列車を乗り継いで、ベルリンを経由することなく、モスクワに向かったグループもあった。列車ではなく航空機が使われたグループもあった。

モスクワに着いた各グループはシベリア鉄道で満洲里まで送り届けられた。満洲里は、ソ連と満洲国との国境の町だ。

高田博厚の離脱

このように人びとが団体行動をとる中、『日仏通信』を編集していた高田博厚は、一人離脱を決めた。フランス人捕虜や義務労働徴用者が群れを成して歩くのを目にし、しかもフランスへ帰る者が集まる収容所の方へ向かっていると聞いたためだ。「パリへ帰りたい」。高田はその群れに飛び入りで加わった。一緒に避難生活を送っていた同胞が譲ってくれた背嚢を背負い、まったく知らない土地をのろのろと、捕虜たちと共に米軍占領地域まで歩き続けた。米軍占領地域の入口の検問所で振り分けられ一〇日間あちこちに回された。それからドイツ中西部のツィーゲンハイン、そこから約一五〇キロ南西のダルムシュタットで一年半の抑留生活を送った(43)。

フランス軍の諜報部では、高田は早くから捕えるべき大物として名前が挙がっていた。すんなりとフランスに戻れていたとしても、どのみち収容はされていただろう。

軍の諜報部やパリ警視庁は、パリに残った高田のフランス人の恋人を調べていた。高田からの手紙が本人に届く前に検閲され、内容が書き取られた。フランスを去りたくなくとも大使館には従わざるを得なかったことや、日本の暗い先行きについての嘘のない文章だ。恋人に宛てた手紙が他人の目にさらされたのは不幸なことだが、捜査官もこの手紙を読んで心を動かされたのではないか。

ドイツ占領下のパリで有名人だった高田の行動は、当局に知られていた。高田の行動を調査すると、ヴィシー政府高官との職業的な強いつながりがある一方で、フランスへの愛着は紛れもないものであると認められた。さらに文化人としての評価はすこぶる高い。当局は、高田が日本大使館やドイツ人とは折り合いが悪かったとか、抵抗派に情報を与えていたとの事実までもつかんでいた。おそらく高田への有利な証言が集まっていたのだろう。

高田博厚は、一九四六年一二月にダルムシュタットの捕虜収容所から釈放された。フランスに入国するためには、フランクフルトのフランス領事館で査証《ビザ》を入手する必要があった。時間はかかったが、「記者」としての査証が発行された。高田の友人である作家のシャルル・ヴィルドラックとジョルジュ・デュアメルとが動いてくれたおかげだった。ヴィルドラックはドイツ占領下で地下出版されていた非合法の文芸紙『レ・レットル・フランセーズ』に参加していたことで、一九四三年一〇月にゲシュタポに逮捕された。彼の釈放に尽力したのが、アカデミー・フランセーズ会員のデュアメルと高田だった。ヴィルドラックは、一九四四年からは共産党レジスタンス組織の全国作家委員会の副会長や文学界粛清委員会の委員を務めた。後年ヴィルドラックが述懐するには、高田はレジスタンスへの信念をもっていて、可能な限り活動に参加していた(44)。

帰国まで

満洲里に着いた一行の旅は続いた。個別に帰国した者もいたようだが、多くは現在は北朝鮮の羅先《ラソン》港で帝立丸に乗船した。船上で二晩を過ごし、敦賀港で船を降りた。一九四五年六月二九日だった。ドイツからの「帰朝者」は二五三名だったが、このうち七九名は満洲国に残留した(45)。本土に向かう船には乗らなかった者が少なからずいたのだ。

淡徳三郎もその一人だ。一九四五年五月の段階でシベリア鉄道で満洲里までは来ていた。そもそも一九三〇年代半ばにパリに渡ったのは「思想犯」の烙印を押されていない世界で生きるためだった。この経緯からして、戦争の終わらぬうちに本土に戻ると逮捕される危険性があった。そのためすぐに戻ることはせず、満洲国の首都だった新京に留まることにした。現在の中国吉林省の長春だ。

ところが淡は一九四五年一二月に「反ソ分子」としてソ連軍に捕らえられ、カザフスタンのアルマトイに移送された。そこで二年半にわたって抑留生活を送ることを余儀なくされた。抑留中も労役するだけの日々を過ごさず、洞察力を鋭くし、仲間とともに運動を組織するなどした。(46) 帰国後は翻訳、歴史、評論、書評などの多くの著作と連載を発表し文壇で活躍した。

淡徳三郎の私的な文書は、パリ・ナンテール大学現代館の前身の文書館に一九六〇年代に「アコマツ」なる人物によって寄贈されたことになっている。その経緯について史料部長に記録を調べてもらったが、明らかにはならなかった。淡がパリを去る前に、文書を誰かに託し、その人物自身か、また別の人を経由して、文書館に寄贈された可能性もあるし、淡の住まいがパリ解放時に捜索され、その際に押収されたものだった可能性も、大いにあるように思う。なぜならその中には、ドイツ協力派のフランス人を割り出すために使われたような形跡のある文書が含まれているからだ。

父親がある意味隠しおおせた過去に、娘の民子さんはどのように向き合うのだろう。知らなくてもよい事実だったのではないか。それを暴いてしまったような気がして、少なからず罪悪感を覚える。

第4章 ラジオ番組『ニッポン』の制作者
――「同盟国である為一役買って」

毎週日曜日の放送

モロッコに住み始めて二年が経った二〇一九年頃、フランスで入手した史料をモロッコで読むのが私の日常になっていた。その日は、フランス軍の諜報部によって作成された調査報告書を読んでいた。ドイツ占領下パリでの日本人社会について書かれたものだ。一度目に読んだときは気にも留めなかった短い文に、何か引っかかるものがあり、読み返した。

毎週日曜日、領事館はラジオ・パリで一五分間のプロパガンダを行っていた。(1)

これが事実なら、当時のラジオ番組表に何か痕跡があるだろう。ラジオ番組表はきっと新聞に載っている。フランス国立図書館のウェブサイトで当時発行されていた新聞を検索すると、対独協力派のマルセル・デアが主宰していた日刊紙『ルーヴル』がデジタル化されていた。これなら現地に行かなくても見ることができる。

『ルーヴル』をドイツ占領が始まった一九四〇年から見てみた。予想通り、ラジオ番組表はあった。(2)確かに一九四三年五月にそれらしい放送が開始されていた。その番組は『ニッポン』といった。

フランス国立視聴覚研究所

次のモロッコからフランスへの二週間の旅は、フランス国立視聴覚研究所の視聴覚閲覧室に通うことだけが目的だった。パリのフランス国立図書館の一角にある。ここに来たのはラジオ番組『ニッポン』の音源を聴き、書き取るためだ。あらかじめ連絡を入れておいたため、待っていたかのようにスムーズに受け付けてくれた。

「『ニッポン』を聴きたいということでしたよね。こちらへどうぞ」

フランス語の「ニッポン」は「ポ」ではなく「ニ」に強勢を置いて発音しなければならないことに気づかされた。「ニッポン」と聞けば私にとっては日本語であり、「ニッポン」なんていうフランス語をそれまで一度も発音したことはなかった。

現代フランス語の辞書を引くと、“nippon, e”は「日本の」を意味する形容詞で、頭文字が大文字だと「日本人」という名詞でもあるようだ。《古風》《軽蔑的》とも示されている。フランス語では「日本の」という形容詞として「ジャポネ」(男性形)と「ジャポネーズ」(女性形)という語が一般的だが、文中で繰り返しを避ける場合は「ニッポン」(男性形)、「ニッポンヌ」(女性形)という語彙も使われるのを目にすることはある。

ただ、この番組名としての『ニッポン』は形容詞ではなく、国を表す言葉として使われていると思われる。複数の新聞や雑誌で番組表を調べたところ、放送が開始されて間もない頃は『ニッポン』以外に『ル・ニッポン』や『ル・ジャポン』という番組名が印刷されている場合があり、『ニッポン』に落ち着くのは第三回以降のようだ。

録音ができたらどんなに楽だろう。録音不可能なのはわかっていたが一応質問してみようとタイミングをうかがっていた。だがそのようなタイミングが訪れる前に、受付の女性に制された。

「録音はできませんよ。最近、録音する研究者がいて、とても困っています」

電波戦争

『ニッポン』を放送していた「ラジオ・パリ」は、駐仏ドイツ軍司令官の下にあるフランス宣伝部によって運営されていた。独仏休戦協定には、新聞、ラジオ放送、書籍・雑誌、映画のすべてのメディアはドイツ軍の検閲を受けることが定められていた。宣伝相ゲッベルスの忠実な部下であるハインツ・シュミットケ大佐がこれを管理した。ラジオ・パリはシャンゼリゼ大通りのスタジオを接収した。日刊紙『ル・プティ・パリジャン』の系列の民間ラジオ放送局が持っていた場所だ。ラジオ・パリの便箋に刷られたレターヘッドには、「パリ八区シャンゼリゼ大通り一一六番地二及び一一八番地」という住所が示されている(3)。このスタジオから、ニュース番組、音楽番組、主催した音楽会の中継、トーク番組、ラジオドラマなど多彩な番組を放送した(4)。

ラジオは、じかに多くの国民に訴えることができる手段だった。フランス国内においてはヴィシー政権、占領ドイツ軍、自由フランスのそれぞれの陣営がラジオ局を持っており、「電波戦争」の様相を呈していた。

ヴィシー政権は、この温泉町のカジノから放送を行った。このラジオ局、ラジオディフュジオン・ナシオナルは「ラジオ・ヴィシー」とも呼ばれた。ヴィシー政権の政策の正当性を主張したり、その成果を示すような内容を流した。当世の歌手や若い作家たちを積極的に取り上げるなどして、国民の娯楽としての役割をも果たしていたとされる。

占領ドイツ軍による「ラジオ・パリ」では、フランス人に対してドイツに共感をもたせるように、ニュースや講演番組の内容が練られた。一方で、ラジオ・パリはドイツが運営していることを公然とは明らかにせず、あたかも「普通の」ラジオ局を装うかのように、音楽や娯楽番組では敵側の文化の影響を排除しなかった。[5] たしかに番組表では、アメリカ生まれのジャズ、ソ連出身の作曲家の曲、迫害対象だったロマの音楽特集なども目に留まる。

このようなラジオ・パリにフランス国民が騙されぬよう、イギリスに亡命していたドゴールの自由フランスは、ロンドンのBBCスタジオからフランス国内に向けてフランス語で放送した。この「ラジオ・ロンドル(ロンドン)」は、次のようなフレーズを流し、「マン」という部分で韻を踏みラジオ・パリを謗《そし》った。

ラジオ・パリは嘘ばかり《マン》、
ラジオ・パリはデマばかり《マン》、
ラジオ・パリはドイツの仕業《エ・タルマン》。

ドイツ占領下、祖国の解放を願うフランスの人びとは、ラジオの周りに集まってロンドンからのフランス語放送に耳を傾けていた。それを聴いていたことが当局に知られれば、逮捕される危険性があったにもかかわらずだ。自由フランスは、戦争で離れ離れになった家族宛てのメッセージを読み上げ、戦況を伝え、レジスタンスの仲間に加わるよう呼びかけた。ラジオを通じて、国内レジスタンスに向けた暗号を発し、作戦行動の指令を出した。ロンドンからのラジオは、国民を抵抗に導くための扇動にとどまらず、フランス解放を目指す国内のレジスタンス組織と国外の組織を結ぶ役割を果たした。

『ニッポン』

それでは、『ニッポン』とはどのような番組だったのだろうか。

当時のラジオ番組表を確認していくと、『ニッポン』は一九四三年五月から一九四四年八月までの毎週日曜日に放送され、放送回数は六〇回以上を数えた。開始時間は、ほとんどの場合、一八時台で一五分間の放送だった。

オープニング曲には雅楽『越天楽《えてんらく》』が使われ、三人の男性がそれぞれ威勢よく「ニッポン」と発し、「日本と東アジアについての番組」とフランス語で呼びかける。フランス国立視聴覚研究所に残されている音源を書き取った中から主要なものを紹介すると次のようになる。(6)

『ニッポン』はすべてフランス語による放送で、放送回によるが、二つか三つのコーナーがあった。まず日本文化が特集された。テーマとしては、東京で暮らす人びとの生活をルポルタージュ風に描く

「東京の一日」、雅楽、清少納言『枕草子』、日本の諺、パリ八区にあるコンサートホールのサル・プレイエルでの日本の舞踊の公演、日本とフランスとの交流の歴史、バルチック艦隊を撃破した日本海海戦、ジュヌヴィエーヴ・森田が語る日本での子どもの教育、一六〇〇年頃の日本へのオランダ船の漂着、北川冬彦の詩「三原山」、日本海軍の父勝海舟、鴨長明『方丈記』、日本兵に今なお受け継がれている武士道などが取り上げられた。

そして日本軍に関する軍事時評が伝えられた。ソロモン諸島での戦況、一九三二年の日満議定書調印一一周年、中国大陸での作戦、大東亜会議、仏領インドシナにおける日本の立場、「真の解放者」日本によるビルマやフィリピンの独立、アリューシャン列島やアッツ島での戦いについてである。随所でアジアにおけるイギリスの帝国主義の終焉を印象づけ、アメリカ軍の攻撃に対する日本軍の善戦を強調した。軍事時評の最後には必ず軍艦行進曲が流された。

一五分間の放送には、音楽もはさまれた。ある日はヨシコ・クラチが歌う子守唄が流された。ヨシコ・クラチは、日本では古沢淑子《ふるさわよしこ》という名の方で記憶されている、日本におけるフランス歌曲の先駆者だ。『ニッポン』の放送開始の半年ほど前に、作曲家の倉知緑郎《くらちろくろう》との婚姻届が出された(7)。その倉知緑郎が編曲した日本民謡組曲、箏曲家宮城道雄の奏でた曲、日本の海軍軍楽隊が演奏する軍艦行進曲も確認できた。

『ニッポン』の目指したものは何だったか。ラジオ・パリは『レ・ゾンド』という雑誌を週刊で出し、番組表や、番組に関連する読み物を提供した。この雑誌に掲載された「ニッポン」というコラムを読むとそれがわかる。

ジャック・ティイという名の記者が書いたこのコラムによると、ラジオ・パリが送る『ニッポン』は、日本のことをよく知らず、とりわけ日本と中国とを混同しがちなフランス人に、この国について、政治、産業、軍事、文学などあらゆる視点から教える番組だ。黄色人種がロシアに勝ったのはフランス人にとってはまったくの驚異だった。大砲や軍艦を自前でつくり、綿市場を席巻するほどの産業技術を誇る巨大な国家に成長した。「ミカドの国」は、数十年の間に、欧米列強に肩を並べるまでになったのだ。日本は古くからの文化をもつ国でもある。急激な近代化によって外見的には変わったように見える日本の生活だが、日本人は何百年前と同じ教理に導かれている。『ニッポン』はフランス人とはまったく異なる日本人の精神性を知ってもらおうとするものだ(8)。

日本は、古くから培われた精神文化と欧米にも引けを取らない近代性を兼ね備えた偉大な国ということになっている。『ニッポン』は、太平洋上やアジアでの戦況を伝えるコーナーは別として、日本文化紹介のコーナーはあくまでそのようなコンセプトに徹していた。この姿勢はフランスで一九三四年から一九四〇年まで発行された雑誌『フランス・ジャポン』に通じるものがある。むしろこの影響の上に成り立っているようにすら見える。

『フランス・ジャポン』は、南満洲鉄道パリ事務所が後ろ盾となり発行された文化交流雑誌だ。編集長は松尾邦之助で、人類学者のアルフレッド・スムラーや後に記者として高田博厚や淡徳三郎と行動を共にすることになるアルフレッド・タインなども編集に参加した。

松尾はこれ以前にも『ルヴュ・フランコ・ニッポンヌ』でフランス語による日本文化紹介にたずさわった経験があった。一九三〇年代半ば、『フランス・ジャポン』の編集に取り組んでいた松尾は、同時に読売新聞の特派員でもあった。松尾が異動になりフランスを離れたため、小松清が後を引き継いだ。だが小松も一九四〇年六月の榛名丸で引き揚げた。『フランス・ジャポン』は、一九四〇年四月の第四九号が終刊号となった(9)。ラジオ番組『ニッポン』が始まるのはその約三年後である。

『ニッポン』以外の日本特集

ラジオ・パリやその雑誌『レ・ゾンド』が日本を取り上げたのは、『ニッポン』が初めてではなかった。

例えば、一九四二年二月二三日と三月二日の二週連続でラジオ・パリで放送された『パリの日本人』と題するルポルタージュの概要が『レ・ゾンド』に掲載された(10)。ここでは、あるフランス人記者が、日本人の友人のつてでパリに住む六人の日本人を紹介され、パリでの生活や印象について尋ね歩く。登場する日本人は、在仏歴一〇年以上の銀行員横山、一六区の日本料理店の下平、赤い着物が印象的な女学生の小松ふみ子、俳優の早川雪洲、一年後にラジオ・パリに再登場することになる倉知緑郎と古沢淑子だ。

他にも日本関連の番組は時折つくられた。例えば日本の古典音楽の特集や菊池寛の『藤十郎の恋』のラジオドラマなどだ。さらに、『日本の声』という番組がラジオ・パリで一九四三年の一一月から一九四四年の一月にかけて九回だけ番組表に確認できる。音源が見つからなかったため具体的な内容はわからないが、金曜日の一五時五〇分から一〇分間の番組だった。

ラジオ・パリは、毎週木曜日と日曜日にシャンゼリゼ劇場で催すオーケストラのコンサートに力を入れていた。このコンサートは中継され聴取者に届けられた。木曜日の入場券は火曜日に、日曜日の入場券は金曜日に会場で配布された。

　このオーケストラを指揮した「日本人」が二人いる。一人は平壌生まれの安益泰《アンイクテ》だ。朝鮮半島出身だが、ドイツやその占領下のフランスで「日本人」としての活動を余儀なくされていた。一〇代で来日し東京高等音楽学院(現在の国立音楽大学)を出て、アメリカに渡った。フィラデルフィアのコンクールで入選したことで、欧州へ留学する機会を得た。ウィーン、ブダペストで著名な音楽家から指揮や作曲の指導を受けた。ベルリンの満洲国公使館参事官だった江《え》原《はら》綱一《こういち》とは、ルーマニアのブカレストで知り合った。苦学していた安益泰を大成させたいという周囲の気持ちを汲み、江原は一九四一年にベルリンに引き取った。そして安益泰は、ベルリンをはじめ、ローマやブダペストなど、ヨーロッパ各地で指揮者として活躍するようになっていた(11)。

　一九四三年三月一三日に開かれたラジオ・パリ主催のコンサートで、この「著名な日本人指揮者」の公演は大成功をおさめた。三月三〇日には二度目のコンサートがシャイヨ宮において開かれた。そこではパリ音楽院管弦楽団を指揮し、ベートーヴェン、ドヴォルザーク、満洲国建国一〇周年を記念して作曲された『満洲国』を含む自身の作品も披露されることになっていた(12)。さらに、ラジオ・パリ主催ではなかったようだが、翌年四月、パリで開催された仏日ベートーヴェンの祭典で指揮し、ピアニストのアルフレッド・コルトーと共演した(13)。江原はベルリンからパリにやって来て、これらすべてに立ち会った。コンサート実現のために、パリの関係各所を飛び回っていたのは満洲日日新聞の記者淡徳三郎だった。

一九三〇年代半ばに安益泰が作曲した曲は、のちに大韓民国の国歌「愛国歌」として採用され、今日まで親しまれている。しかし、近年は一部で「親日派」の烙印を押されている。

二人目は近衛秀麿だ。コンサートは一九四四年一月三〇日に開かれた。前日の新聞広告によれば、自身の作品に加え、モーツァルト、デ・ファリャ、ベートーヴェンの作品が演奏されることになっている。[14] 近衛の評伝によれば、近衛はこのシャンゼリゼ劇場での公演の後、楽団「コンセール・コノエ」を結成した。これは、ドイツ占領下で演奏の機会が奪われていただけでなく、生存が脅かされていたユダヤ人演奏家たちのシェルターとしての役割を果たしたとみられている。[15]

一九四四年六月に連合軍がノルマンディに上陸した後も、『ニッポン』はそれまで通り放送された。この頃レジスタンスは大胆に行動するようになっていた。ヴィシー政府の宣伝大臣だったフィリップ・アンリオは部屋に押し入ってきたレジスタンス活動家に暗殺され、ラジオ・パリの代表的パーソナリティだったジャン・エロルド゠パキはドイツへ逃亡した。

『ニッポン』が最後に放送されたのは、一九四四年八月一三日の日曜日だった。番組制作に関わっていたとされる日本人は、パリから逃げ出すための手はずを整えるのに追われているところだった。ラジオ・パリは八月一八日、新しい秘密兵器がもたらすドイツの最終的勝利をいまだ叫びつつ、消滅した。

『ニッポン』に出演したフランス人女性

いまのところ、私は日本の公文書に『ニッポン』についての言及を見つけることができていない。

だがフランス当局は、このプロパガンダ番組はパリの日本領事館が制作し、これを主導していたのは、当時外交官補で後に東京大学教授となる前田陽一だったとした。

領事館が本国外務省の指示なく自由にラジオ番組などつくるだろうか。対外文化活動を担っていた国際文化振興会も関与しないプロパガンダはあり得たのだろうか。

そんなことを思いながら、国際文化振興会の後身である国際交流基金を訪ねるため東京、四谷に向かった。『ニッポン』で日本の子どもの教育について話したことのあるジュヌヴィエーヴ・森田の著作を図書館で閲覧するためだ。ジュヌヴィエーヴには『日本への旅』(一九二八年)と『日本の伝統音楽と舞の素描』(一九三六年)という日本に関する著作がある。[16]

ジュヌヴィエーヴの夫、森田菊次郎がフランスに入国したのは一九一〇年代前半と考えられている。ジュヌヴィエーヴが『ニッポン』に出演したとき、森田のフランス生活は三〇年にわたっていたことになる。日本人会の会長も務め、当時の日本人社会では「長老格」だったようだ。フランス当局からもそのように見られていた。

森田菊次郎は一八七九年に東京府本所区本所荒井町の酒屋に生まれた。現在でいえば、東京スカイツリーと両国国技館の中間あたりにあたる。日本画家である結城《ゆうき》素明《そめい》を兄にもつ。[17]

森田はどのような経緯でヨーロッパに渡ることになったのだろうか。私に確認できた範囲でいうと、海外生活を始めたのは森田が三〇歳になった頃、渡航先はフランスではなかったと思われる。フランスの公文書では、森田がフランスへ入国したのは一九一五年とされている。しかしこれ以前、一九一〇年にロンドンで開催された日英博覧会、一九一一年のイタリア、トリノでの万国博覧会において、現地で事務員として働いた記録がある。[18]

日英博覧会で京都館から出品された「鶴の間」がフランスに寄贈されたが、森田はこれに一役買った。この功績が認められ、フランス公教育省から教育功労賞を受けた。「鶴の間」は、京都西本願寺にある一六世紀のものの復元で、リヨンの蒐集家エミール・ギメの美術館に展示されることが決まったとされている。これでフランスとの縁ができたのか、森田は一九一二年にはパリ日仏協会に入会している。入会した年の登録住所は本所荒井町五四番地だったが、翌年にはパリになっている。[19]

森田は、在仏日本人の書いた文章に登場することがある。そのなかで、森田の名前の前には「旭硝子の」と付くことが多い。森田はたしかに、板ガラスの製造と輸出で成長していた三菱財閥の企業、旭硝子の駐在員としてパリにいた期間が長かったようだ。さらに三菱銀行勤務だったことを示唆した文書をフランスで目にして、気になっていた。『三菱社誌』によると、三菱銀行ではなく、三菱商事になら一九一八年頃にロンドン支店の「嘱使」から入社した森田菊治郎という人物がいる。この人物はロンドン支店からアントワープ出張員となり、アントワープを引き揚げブリュッセルに駐在、一九二二年に退職した。[20]

その一九二二年、四三歳になる森田菊次郎は、ジュヌヴィエーヴと結婚した。二二歳年下のフランス人女性だった。そして夫婦連れ立って、海路で日本へ一時帰国した。ジュヌヴィエーヴの第一作『日本への旅』はこの旅の記録だ。同じ時期、森田の兄、結城素明が文部省留学生として選ばれ、パリへ行くことが決まった。ちょうど帰国していた森田夫妻と結城は、同じ船でフランスへ渡った。

日本画家を兄にもち、森田自身も美術にくわしかったのかもしれない。一九二五年、アール・デコ

図4-1　平福百穂(左端)の渡欧時の案内役を務めた際の森田菊次郎(右端). 少年は森田の息子のアンリ. 1930年頃と思われる(仙北市立角館町平福記念美術館)

博覧会と呼ばれた現代装飾美術・産業美術国際博覧会において、出品物の審査委員として、藤田嗣治らと共に名前を連ねた。[21]

一九三〇年代になると、森田菊次郎はパリの在留邦人の中では古株の類に入っていた。同胞がパリを訪れた際に案内をしていたことが、記録に残っている。平福百穂《ひらふくひゃくすい》など、兄の画家仲間たちがヨーロッパ各地に見学に出かけた折には、パリの森田家はその拠点となった[22](図4-1)。俳人高浜虚子は森田とパリの最高級レストランのトゥールダルジャンで食事し、森田について「大変な食通」と記している。[23]

他方、ジュヌヴィエーヴ・森田についてはあまり多くのことはわかっていない。

ジュヌヴィエーヴ・森田といえば、フランス国立視聴覚研究所で、『ニッポン』に出演したジュヌヴィエーヴの声が聞けると、心を弾ませながら席についた朝が思い出される。ジュヌヴィエーヴは、当時珍しかった日本人と結婚しているフランス人女性としてラジオ出演を依頼され、収録が行われるスタジオまで渋々連れて来られたのだろう。今日これから書き取るのは素人へのインタビューのようなものだろう。そう思いながら、ヘッドホンをつけた。

しかし、聞こえてきた貫禄のある声に予想は裏切られた。それも往年の名女優を思わせるような美しく完璧な語りだった。その後、ジュヌヴィエーヴはピアノが上手く、作曲家を目指しているという記事を読んで、合点がいった[24](図4−2)。

図4−2　日本のメディアで紹介されたジュヌヴィエーヴ・森田(『読売新聞』1923年5月8日)

一九三〇年代後半、森田家はパリ一六区の自宅で毎週のように在仏の日本人音楽家を招いて小さな音楽会を催していた。壁いっぱいに結城素明の画が飾られている豪華なサロンだったという[25]。音楽の才能があったからこそ、ジュヌヴィエーヴには二作目にあたる『日本の伝統音楽と舞の素描』が書けたのだろう。この作品には結城の挿絵が添えられた。

その『日本の伝統音楽と舞の素描』を四谷の国際交流基金の図書館で読んでいたところ、見覚えのあるフレーズが並んでいて、目を丸くした。フランスで書き取った『ニッポン』の「日本の伝統音楽」を紹介する回のナレーションの一部と、ほぼ完全に合致していたのだ。

ジュヌヴィエーヴは番組に出演していただけではなく、シナリオを書くこともあったのではないか。それ以上のことはわからないが、二週間、パリの国立視聴覚研究所で開館から閉館までフランス語のラジオ番組を書き取るというかなりつらかった作業が報われた気がした。何度巻き戻して聞いても音に意味が結びつかずに、諦めてカタカナで音だけ書き留めておいたところも意外な場所で答え合わせができて、なんだかおかしくなった。

パリ解放後、森田夫妻は拘束こそされなかったものの、自宅の電話機に盗聴器が仕掛けられるなど、軍の諜報部によって行動を見張られていた。森田夫妻と交際のある日本人らが拘束されていく事態に直面し、フランスにおいて日本人に対する取り調べが次第に進む中、ジュヌヴィエーヴは日本国籍だと面倒なことがあるということで、結婚によって喪失していたフランス国籍に戻す申請をした(26)。

わずかな記憶

前田陽一、倉知緑郎と古沢淑子の夫妻は、一九四四年八月にパリを脱出しており、軍事保安本部の追及を受けることはなかった。後にそれぞれの経緯で日本へ帰国した際、フランス生活を回顧する文章を書いたり、インタビューに答えたりしている。

前田陽一と古沢淑子はラジオ番組の制作や出演については一切触れていない(27)。倉知緑郎だけが唯一、そのことを書き残している。番組の中で音楽を担当していた。かなり後になってから、当時を振り返った。

パリ時代からの知り合いといえば、一九七一年にサイゴンから転勤されて来た北原秀雄大使とのお付き合いは忘れられない。北原大使とは、ドイツ占領下のパリでお付き合いがあった。彼はその頃まだ独身の外交官補で、リヨンでの語学研修生生活を終え、ドイツ軍占領下のパリ大使館へ赴任してきた。ドイツ文化宣伝部は、フロイライン・ヘールマン女史を通じて、北原さんにラジオ・パリのアンテナを一週数時間、日本の文化宣伝用に提供するから何かプランを立てるようにとの申し出があった。日本大使館はこのプロポーズを承諾して、日本文学の古典と現代の紹介と解説、古い伝説やお伽話をドラマ化したものを放送した。太平洋の戦況のニュースも多少あったが、主に古典文化の紹介に重点が置かれた。(28)

後にフランス大使となる北原秀雄の名前は、軍の諜報部の作成した報告書には出てこない。それでもやはり『ニッポン』にはパリの日本領事館が関わっていたようだ。報告書では、倉知には音楽家以外に、国策の同盟通信社の記者という肩書きが付けられている。(29)もしかしたら、この肩書きはラジオ・パリで活動するにあたって便宜的に付与されたのではないか。倉知は同じエッセイの中で、自分はお伽話のドラマの伴奏音楽を書く手伝いをし、テキストはジュヌヴィエーヴ・森田が担当したことも述べている。

留学生だった小松ふみ子は、『ニッポン』を聴いていたことを書き残している。小松自身も前述のように一九四二年にラジオ・パリで放送された『パリの日本人』という番組に出演したことがある。その意味ではラジオ・パリとはつながりのある人物ではある。小松は帰国後に出した回顧録の中で『ニッポン』について短く触れている。

ラジオ巴里がドイツ軍の御用宣伝係のようになって「何て上手だ…」と驚くほどフランス語に巧みな新聞学博士が毎日一定の時刻に時事解説をやる、例のホーホー卿が毎夜の様に水際立った英語でドイツの宣伝をやる……一二時の音楽時間にはウィンナワルツが流れて来る……夜の九時にはフランスの労働者がドイツ国内から彼等の生活を物語る……等々プログラムは挙げてドイツのことだけ……日本が同盟国である為一役買って一週間に一度は日本の音楽及文学等の解説の時間がある。田舎芝居の幕が開いて都会人の趣向は如何と、一五分間の放送の結果を案ずると、「東洋の音楽は変っている、一体にテンポがゆっくりしている」親切な巴里人は余り手厳しい批評は避けてこれくらいに云ってくれる。ベートーヴェンやドビュッシーの交響楽に耳慣れている人達に我々の音楽はまだまだ物足らないのだ。(30)

小松自身がたとえ『ニッポン』の制作に関わっていなくとも、いわば身内による日本文化紹介番組へのフランス人の反応は気になるものだったに違いない。日本文化に通じていたごく一部の者以外のフランス人が、『ニッポン』を通じてそれに触れたときにどう感じたかを知る貴重な証言といえる。『ニッポン』についてもっと知りたい。でも史料が見つからない。

この現状から、当事者がもはや存命でない今日、親族の証言が貴重なものとなるのは必至である。あるフランス文学者にお力添えをいただき、前田陽一のご息女に『ニッポン』について尋ねたが、占領期のことは幼かった本人に記憶はなく、家の中でお父上がそのことについて話していた記憶もないということだった。

週一回のラジオ番組『ニッポン』は、帝国主義日本の同盟国ドイツの占領下フランスという微妙な状況において実現した。軍事時評は偏向していて現実とは異なるものであり、文化紹介も誇張され、理想化された内容であったかもしれない。しかし、プロパガンダへの参加という過去が、制作者たちに重くのしかかっていたために、この試みが戦後も語られることなく埋もれたままであったとしたら、残念である。

第5章

街娼に身をやつした「日本料理店」の女主人
――「生きてたって、どうせ屍同然でしょう」

「パリの日本料理店」

一九五〇年代初頭、モンパルナス界隈の裏通りに日本人が通う売春宿があった。目的はそこの台所で供される安い日本食で、その「料理店」を切り盛りしていたのは、中年の日本人女性だった。戦後に留学してきた若手研究者や芸術家のみならず、そのころパリを旅した女優や政財界の大物も顔を出した。(1)

小説「パリの日本料理店」は、作家芹沢光治良《せりざわこうじろう》がこの料理店で見知ったことに着想を得て書かれた。(2)発表は一九五三年だ。

小説の主人公、新太郎はパリ滞在中にその奇妙な日本料理店に出入りするようになる。清潔とはいえないこの店に通うようになったのは、店主のアイダ夫人に関心をもったからだ。

パリに来る前、アイダ夫人は大阪の有名な薬問屋の女主人だった。アメリカへの留学経験があった。帰国後に結婚し、娘二人を授かったものの、アメリカで男女同権の思想に触れたアイダ夫人にとって、日本の家族制度は耐えがたいものだった。すべてを捨ててパリに渡った。

久々にパリに来た新太郎にはどうしても会いたい人がいた。新太郎が二〇年以上前にパリで世話になったシイナさんである。古武士のようなシイナさんは過去に早稲田大学でフランス文学の講座をもったこともあった。

アイダ夫人はパリのことなら何でも知っているかのように振る舞っているのに、シイナさんの消息を尋ねても「お亡くなりになったんじゃないかしら」と、捜索にあまり協力的でない。

それから数週間後、新太郎は料理店に出入りする青年たちから、シイナさんに道で遭遇したと伝えられた。やりとりを傍で聞いていたアイダ夫人は「生きてたって、どうせ屍《しかばね》同然でしょう」と釘を刺し、なおも怒ったように続けた。

「ドイツの占領下から独立解放まで、ずっとパリにとどまった日本人は、みんな生きながら死んだように、生きたんですもの。シイナさんだって、今ではお化けでしょうよ」

新太郎はついにシイナさんを訪ねる念願がかなった。シイナさんはフランス人の妻と暮らす洞穴のような半地下で、古本の製本をしながら細々と生活していた。シイナさんは語ってくれた。

パリ解放後、捕虜収容所に入れられた。フランス人の友人らが動いてくれたおかげで、やっとのこと放免されたが、住宅難のためにようやく借りられたのが知人の倉庫だったその場所だった。日本人が職を得ることが大工以外には難しかった時代に、製本の仕事なら自分にもできそうに思えた。製本の技術は、装丁屋の主人に伝授してもらうことを断られたため、本を解きほどいて研究を重ね、一人で身につけたのだと。

後日、アイダ夫人も新太郎に身の上を話した。シイナさん同様、アイダナツ子もパリの多くの日本人が引き揚げたときに、女一人でも敵国に留まることを選択した。アイダナッ子は日本人であることをやめ、安南人マダム・アイダという街娼になり変わって生きていくことにした。

その姿を同胞のシイナさんに見られてしまったことがあった。そのために新太郎からシイナさんの名前を聞いたときには、「お亡くなりになった」ことにしたいほど今なおきまりが悪かったのである。

小説の舞台となった料理店は実在し、アイダナッ子にもシイナさんにもモデルがいた。闇で生きることを余儀なくされていた二人だが、ずっとそうであったわけではない。ドイツ占領期に概ね恵まれた生活をしていた在仏日本人を取り巻く状況は、パリ解放により暗転したのだ。

押収された在仏日本人名簿

フランス各地で連合軍とドイツ軍との戦闘が続いていた一九四四年八月末、レジスタンス組織によって対独協力者が捕らえられ、大規模な粛清が進行していた。対独協力者に対する粛清や、フランス本土だけでも七〇万人以上いるとされたドイツ人戦争捕虜をどう扱うかが、フランスの明日を決めるような優先事項であったのに比べると、ごく少数の日本人の動向がさほど重要であったとは思えない(3)。

それでも、日本人についての調査は始まっていた。これを主導したのはフランスの軍事保安本部だった。

軍事保安本部は、ドイツ占領下でフランスの元軍人が組織した特殊機関だ。一九四〇年六月の独仏間で結ばれた休戦協定により任を解かれていた軍人たちの一部は、祖国フランスのドイツからの解放を目指した。地下活動として特殊機関を創設し、編入、解体、統合を経て、アルジェの抵抗派や連合軍と連絡を取りつつ、フランス各地で諜報活動を展開した。

パリに関しては、一九四三年秋に軍事保安本部の「先遣隊」がオペラ座近くのリシュリュー通りに新聞社の職員を装って配置された。来たる解放時には、ドイツへの協力行為についてすぐに情報収集に取りかかれるよう、人員や機材を集めるなどして、密かに準備をした。アルジェにいたドゴールは、一九四四年四月、この特殊機関の役割を定め、正式にフランス軍の下に置くことを認定し、五月には解放された地域においてこの組織が諜報活動を担当することについて連合軍からも同意を得た。(4)

八月末にパリが解放されたことで、軍事保安本部は地下から出てきて活動できるようになった。一九四四年末、軍事保安本部は軍の諜報部に取って代わられた。

パリ解放後、マドレーヌ大通り一二番地のフランス郵船の建物に入居していたナチ党の支部が捜索され、書類が押収された。その中には、日本人に言及がある配給切符関連のものが含まれていた。ドイツ占領下、パリの日本領事館は、追加の配給切符を希望する日本人の情報を取りまとめ、ナチ党フランス支部に依頼していた。軍事保安本部は、その書類をもとに、日本人のリストを作成し、捜索の手がかりとした。(5)

リストの作成日は一九四四年九月七日だ。パリとマルセイユに住む日本人の名前、職業、住所が記載されている。書かれている職業は主に銀行員、商社員、レストラン経営者、音楽家、画家、学生だ。世帯主の下に妻や子どもの名前が続く人もいる。タイプされた住所の横には、手書きで地域名が添えられている。捜索は、地域の警察署ごとに行われたため、その割り振りに使ったものと思われる。

ところが踏み込んでみると、大抵もぬけの殻だった。集団脱出の後だったからだ。脱出は正解だったといえるだろうか。捜索の結果、見つからなかった者には関連文書の「現在の状況」欄において「所在不明」ではなく「逃走中」と報告されているところに、フランス側の捕まえる意志を感じる。日本人にとっては脱出でも、フランス人からすれば、それは逃走に他ならない。

これとほぼ時を同じくして、残留日本人の数がフランス側に把握された。ある人物の家宅捜索がきっかけだった。

二〇年以上パリに住む青山三郎は、パリ中心部のサン゠ミシェル河岸通りで骨董品屋を営み、そのすぐ裏手のユシェット通りでは写真屋をやっていた。戦争が始まってからはパリの店は両方閉め、「健康上の理由で」知人が所有するノルマンディ地方の城館に暮らしつつ、パリとの間を車で往来していた。

家宅捜索のあった一九四四年九月六日、青山はパリの自宅の方にいた。それに先立つ七月末、日本領事館からパリに戻るよう手紙を受け取った。青山は、日本領事館に赴いた。そこでドイツへの集団脱出に加わりたいかと問われた。青山はこれを断った。八月半ばに同胞たちの集団脱出を見届けたが、パリの街路では解放の戦いが繰り広げられ、日本人へ敵意が剝き出しになるなか、ノルマンディ地方の城に戻りたくても戻れなかった。青山の自宅からは、日本人捜索の鍵となる文書が見つかった。

フランス軍事省国防史編纂部が所蔵している青山三郎ファイルには、アルファベットでタイプされた「一九四四年八月初めにフランスを離れた日本人」と「パリの日本人在住者」の名簿が一緒にしまわれている。

このファイルの整理を見れば、家宅捜索の際に、これらの文書がたまたま捜査員の目に留まって押収されたと考えることもできる。だが、青山についての報告書にある「九月六日にパリ残留日本人名簿を我々に提供してくれたのは彼だった」という一文に接するに、強制的だったか自発的だったかはわからないものの、その場に居合わせた青山が手渡したのは間違いないだろう。(6)

いくら青山の在仏期間が長くても、パリ在住のすべての日本人の動向を把握するのはかなり難しいだろう。実は日本領事館は、パリを去る前に残留者名簿を作成し、パリ残留を決意した日本人全員に配っていたのだ。(7)領事館は、撤収してしまうと在留邦人の保護は不可能となる。パリに残ることを選んだ日本人に、各自で連絡を取り合い、助け合うことを期待したと思われる。パリ残留日本人全員に配布されたのだから、青山からでなくても、遅かれ早かれ、その名簿はフランス側に渡っただろう。ただし、領事館が準備した名簿は日本語で書かれていたはずだ。一方、青山ファイルの名簿はフランス語で作成されている。日本語の名簿をフランス語に移し換える作業は、青山自身か、他の誰か日本人の協力で行われたに違いない。青山に付けられた「ラ・モンターニュ」というコードネームは何を示すのだろう。

取調官は青山にパリに留まるように勧めたが、青山はパリを早く離れたかったようだ。数日後、青山はノルマンディ地方の城館に戻った。

だがそこでひっそりと暮らせたのはほんの一カ月ほどだった。城館にフランス国内軍がやってきて、青山を連れ去り、ノルマンディ地方の兵舎に収容した。対独協力者やドイツ人捕虜が収容されている場所だった。

さて、フランス軍事省国防史編纂部の青山ファイルにあった名簿である。「一九四四年八月初めにフランスを離れた日本人」の名簿には、六七名の名前があり、この他に婦女子が一九名いたことが付記されている。[8] 小松ふみ子、前田陽一、淡徳三郎のように、列車や車でパリを脱出したのは計八六名だったことになる。また、「パリの日本人在住者」のリストには、三六名の日本人と、四名の朝鮮半島出身「日本人」の記載がある。[9] 長谷川潔など行政収容の対象となったのはこの中の一六名であり、全体の半分弱だったといえる。

パリ解放直後に拘束された女性秘書

それでは、残りの人びとは何事もなく過ごせたのだろうか。様々な史料から、パリが解放を迎えた一九四四年八月末から一〇月末までの二カ月の間に、翌年の行政収容とは別におよそ一〇名の日本人の拘束を確認することができた。この中にはすぐに釈放された者もいる。この拘束は、行政収容命令にもとづく警察による計画的拘束とは異なり、レジスタンス組織を中心とする半ば無作為な拘束だった。女性は日本の陸軍事務所の秘書一名だけで、残りは男性だ。

この女性秘書こそが、芹沢光治良の小説「パリの日本料理店」において、安価で日本料理を振る舞うアイダナツ子のモデルとなった浅田スマ子だった。浅田が勤めていた陸軍事務所の上司は多くの邦人と共にパリを去った。雇い主がいなくなってしまったことで職を失った浅田が、小説のように安南人になりすまして客をとるようになったかどうかは文書からは知ることができない。

陸軍事務所で秘書として雇われていた浅田スマ子は、パリ解放直後には捕らわれたが、一九四五年六月の行政収容措置の対象とはならなかった。

拘束された日本人に関する文書を見ても、拘束された者とそうでない者を決定的に分けたものは見出せない。日本人であれば誰が逮捕されてもおかしくない状況であったといえるかもしれない。

文書を読むと、半数以上はフランス国内軍に拘束されたことがわかる。フランス国内軍とは個々のレジスタンス組織がもっていた武装組織を統合させた軍隊だ。主にレジスタンス組織「コンバ」などの秘密部隊、共産党系の義勇遊撃隊、軍人が結成した軍抵抗組織で構成された。ドイツ軍の輸送路を麻痺させたり、武器庫や石油の備蓄庫を襲ったりなどのゲリラ行為でドイツ軍の活動を妨害した。連合軍がフランスに上陸した後は、その前進に貢献した。ドゴールはパリ解放後の八月二八日にフランス国内軍の司令部を解体し、九月後半にはフランス国内軍の兵士たちをその意思があれば正規軍に組み込むことを可能にした。

愛国民兵団という別のレジスタンス組織に捕らえられた日本人もいた。「民兵」といえば対独協力組織の民兵団の方が知られているため紛らわしい。愛国民兵団は、一九四三年九月に共産党主導で設立された組織だが、フランス解放後には警察のように振る舞い、対独協力者を拘束した。画家の斎藤豊作《とよさく》は、愛国民兵団に拘束され、一四区の区役所、モンスリ公園地区の警察署、ドランシー収容所へと身柄を移され、二週間後に釈放された(10)。

多くの場合、この種のレジスタンス組織に捕らえられた後、軍事保安本部に引き渡され、取り調べを受けた。軍事保安本部は、リシュリュー通りの新聞社の作業場から、オスマン大通りの建物に移された(11)。そこは臨時の留置所としても利用された。パリ解放後に拘束された数人の日本人が、対独協力の疑いのあるフランス人に混じって閉じ込められた。

パリ解放直後はレジスタンス組織が跋扈《ばっこ》していた。解放が確実になってから加入した「闘士」も少なからずおり、中には荒っぽく振る舞っていた者もいたようだ。対独協力の疑いのある者を鉄棒で殴打する、火のついたタバコを体に押しつける、女性の髪を刈るなどの暴力を加えていたことが報告されている。捕らえられた者の拘束場所は、パリ一五区にあった冬季自転車競技場、留置所、レジスタンス組織の事務所以外にも、ヴィラやホテルを利用した闇の留置所がパリ市内に点在した。(12)

「シイナさん」

「シイナさん」のモデルとなったのは、椎名其二だ。椎名はパリ解放直後には拘束されなかった。ところが翌年六月の行政収容措置ではその対象になり、ドランシー収容所に入所した。

椎名は早稲田大学文学部を中退してアメリカに渡り、ミズーリ州立大学新聞学科に入学した。卒業後はアメリカで新聞記者になったが、これを続けず農業に転じた。一九一六年には、ロマン・ロランの作品に情熱を傾け、渡仏を決めた。フランスでは農場や商社で働いた。フランス滞在は断続的で、日本に帰国していた時期もある。フランス人女性と結婚していた。

日本にいた時期、椎名は早稲田大学でフランス文学を教える傍ら、バルザックやゾラなどの翻訳書を出した。そのなかでも、ファーブルの『昆虫記』の翻訳は、一巻を手がけた大杉栄が殺されてしまったため、二巻以降を引き継いだ仕事だった。関東大震災で被った甚大な被害で人びとの不安が増していた時期、井戸に毒を入れたとの流言が広まり主に朝鮮人が自警団の虐殺の標的にされたことはよく知られている。暴力の矛先は、無政府主義者の大杉にも向かった。大杉は、甘粕正彦大尉指揮下の憲兵隊に惨殺された。妻の伊藤野枝や六歳の甥も一緒だった。椎名自身も関東大震災の日、王子警察に拘引されたことがあった。そんな経験をした椎名ならばという思いからだったのか、出版元からの熱心な依頼があったという。このあと再び渡仏し、一九三〇年から一〇年間、パリの日本人会で書記をした。ドイツによるフランス占領が始まった一九四〇年からは海軍事務所で働いた。一九四三年頃からは、ある団体で日本語講師も務めていた。

椎名は一九四四年八月の日本人集団脱出には加わらずパリに残り、脱出した大使館職員からパリ領事館の留守番を任された。その時分、椎名夫妻は一六区パッシー地区に部屋を借りていたが、もともとその物件に住んでいたユダヤ人が収容所から帰還したことにより退去せざるをえなくなり、領事館に寝泊まりするようになった(13)。スイスが領事館の保護を担当するようになると、ボーセジュール大通りにあった日本の陸軍事務所に移された(14)。椎名は、一九四五年六月の行政収容命令を受け、ドランシー収容所に入所した(15)。

有力者からの働きかけがありながら、椎名が釈放されるまでには時間がかかった。後に椎名が『中央公論』に寄せたエッセイで振り返るように、釈放には東洋美術家のジャン・ビュオが動いた(16)。ビュオは中国や日本の美術の高名な研究者として、ルーブル美術学校や国立東洋言語学校で教鞭をとった。椎名の釈放を訴え、フランス外務省に手紙を書いた。

その手紙の中で、ビュオは椎名を「警察の嘆かわしい過ちの被害者」であるとする。椎名は、アメリカからフランスに渡ってきたばかりの頃に、自由至上主義の立場をとる高名な地理学者であるエリゼ・ルクリュの家族や、ロマン・ロランの支援者であるクリュッピ夫人の家庭に「息子のように」迎え入れられ、フランス思想の手ほどきを受けた。ビュオは椎名について「自分が知る日本人の中で我が国の思想について最も見識がある、我が国の心からの友人」であるとし、自分も機会が与えられれば喜んで証言に臨むとまで言っている[17]。

ビュオの訴えに対するフランス外務省の返事は冷静だ。介入はしてみるが、本人の逮捕は個人を追及するためのものではなく、フランスに住む日本人にとられた行政収容という一般的措置のためであると回答している[18]。

もう一人、椎名が感謝を示す人物がいる。物理学者のポール・ランジュヴァンだ。「高齢の氏は病軀にもかかわらず、警視庁の五階まで上って行って、私の釈放のために奔走してくれたのだった」。ランジュヴァンは、この翌年に亡くなり、後に遺骨はパンテオンに移された[19]。

椎名は、この偉大な物理学者と知り合ったのはレジスタンス活動をしていたある社会学者を通じてだったとして、さりげなくレジスタンスへの関わりを述懐している。生活のために海軍事務所や領事館に勤務しながらも、一方でフランスの人びととの精神的交歓をしていたようだ。

戦後のただでさえ住宅難の時代に日本人であったことも影響して、釈放後に椎名がやっと見つけたのはパリ六区マビヨンの地下室だった。闇で製本屋を営み生計を立てた。近所の人たちには「熊洞《ラ・グロット・デ・ズルス》」と親しみをこめて呼ばれたこの場所には、かつての教え子や日本人留学生たちだけでなく、フランス人も「東洋の哲人」を訪ねてきた。小説家の芹沢光治良も編集者とともに「熊洞」を訪れた。

その後発表された芹沢の「パリの日本料理店」を、椎名本人は不快に思ったという。一九五七年に日本に帰国したが三年後にフランスへ戻った。そして一九六二年にパリ市内の病院で亡くなった。[20]

浅田スマ子の死

浅田スマ子は肺結核で急死した。一九五一年頃のことだ。

「パリの日本料理店」の作者である芹沢光治良によれば、スマ子は「自分が死んだら小説に書いてくれ」と言っていた。[21]自分のことを残してほしいという気持ちはよほど強かったと思われる。パリを訪れる日本人作家に会う機会を捕えては身の上話をしていたようだ。

阿部知二の「投荷」（一九五二年）、石川達三の「綾田夫人」（一九五二年）も浅田スマ子をモデルとした小説とされる。阿部は一九五〇年のスコットランド、エディンバラでの国際ペンクラブの大会へ、芹沢と石川は一九五一年のスイス、ローザンヌでの大会に参加した。その大会の後でパリに立ち寄り、浅田と知り合った。敗戦国日本から海外への渡航は連合軍最高司令官総司令部（ＧＨＱ）の許可が必要な時代だった。これを得て、作家たちは国際ペンクラブの大会に赴いた。

芹沢光治良には、浅田スマ子を主人公にした小説がもう一つある。『巴里夫人』は、スマ子がパリで死んだと知った芹沢が「約束を果たすために」書いた作品だった[22]（図5-1）。この作品は、後にフランスで『マダム・アイダ』として翻案された。[23]

浅田スマ子は、戦後になってからパリに滞在した日本人の世話をよく買って出た。「おすまさん」と親しまれ、人びとの記憶に残っているようだ。芹沢の訪問時には結核に冒されており、その年の暮れに亡くなった。

図 5-1 『巴里夫人』

葬儀はペール＝ラシェーズの墓地で挙げられた。一五名ほどの日本人が集まった。寄る方のなかった浅田スマ子の亡骸は、金を払わないと解剖に回されることになっていた。それは忍びないと「料理店」の客などの日本人が金を出し合ったそうだ。葬儀にはスマ子の愛人とみられるフランス人の紳士が現れ、多額の金を出したという。[24]

スマ子は一八九八年二月三日生まれであるから、五〇代前半で亡くなったことになる。[25] パリに留学している青年たちに日本食を提供し、故国から来た旅行者の世話を焼くことは、スマ子の生きる力になっていたに違いない。だが、日本人には見せようとはしなかったマダム・アイダとしての生き方を、最期まで捨てなかったのも不思議なこととは思えない。使い分けていたどちらの顔も表であり、裏でもあったのではないか。

本人の調書があるわけでなく、公文書にはただ名前や生年月日が載るだけの浅田スマ子なのに、アクの強い女性を思い浮かべ、にくめないと思ってしまうのはおそらく小説のせいだろう。

第6章 インドシナ出身の対日協力者
——「賢くならねばならない」

メゾン・アミカル・アンテルアジアティク

一九三〇年代から四〇年代初頭、パリで和食を提供していたのは一六区の「牡丹屋」と「都」という飲食店と一七区の日本人会館に加え、五区の「フジ」だった。この店は、「不二」とも「富士」とも表記され、パリ大学の校舎が点在するカルチエ・ラタンにあった。高級住宅街にある牡丹屋や都と比較すると、学生でも利用できる良心的な価格で、鯖の塩焼きなどを出す定食屋だった。[1] 住所は五区ソムラール通り二〇番地だ。セーヌ左岸の人気のある観光地の多くに徒歩で行ける立地だ。

パリがドイツ占領下に入って二年目、フジは朝鮮出身の「日本人」である全永禧《チョンヨンヒ》によって買い取られ、屋号は「大東亜飯店」と改称された。[2] 大東亜飯店には多国籍の東洋人が集っていた。ある団体の本部として使われていたからだ。

その団体の規約には、「アジアの様々な国の人びととの間の文化交流を促し」、この目的のために、「アジアの言語講座やアジアの様々な国の文明についての講座を開催する」ことが定められていた。「フランス在住のすべてのアジア出身者の受入施設」となることを目指したその団体は、「メゾン・アミカル・アンテルアジアティク」(Maison amicale interasiatique, 以下「MAI」と表記する)と命名された。当時の文献に日本語での名称は見つけることができなかったが、「大東亜親睦会」といったところだろうか。

MAIは、パリ在住の画家である平賀亀祐と、仏領インドシナ出身者で同じく画家のチン・ディン・ランの発案によって、一九四二年一一月に設立された。設立に際し、ヴィシー政権からは認可が下りなかったが、数カ月後にドイツ当局に認可され、フランスにおいて正式に団体《アソシアシオン》として登録された。これには日本大使館の後押しがあったとみられる。

運営委員会は日本人と仏領インドシナ出身者の半々で構成された。会長には久保譲《ゆずる》が就任した。副会長は創設者の一人であるチン・ディン・ラン、事務局長は仏領インドシナ出身ドー・ドック・ホー(杜徳胡)が務め、会計には平賀亀祐が着任した。(3)

会長に就任した久保譲は、医学生でありながら、日本の陸軍事務所でも仕事をしていた。大阪に生まれ、明治大学で法学を学び、二〇代は無政府主義者として活発に活動し、数度の拘束を経験した。日本を逃れ海外でやっていこうと、外国で流行の兆しがあると聞いた東洋医学を学び、鍼灸師の資格を取った。そして一九三七年、三四歳のときにフランスに渡った。(4)

会計係に納まった平賀亀祐は、一〇代半ばでアメリカへ移民として渡り、その後、一人前の画家を志しフランスに来た。自伝を読むと、どんな状況にあろうとも日本人としての矜持を何よりも大切にしていた人物だったことがわかる。久保と平賀に関していえば、相容れないような信条の持ち主たちだった。

規約によると、会員はアジアの出身でありさえすればよかった。仏印出身の医師、医学生、法学生、工場労働者、漆塗り職人、テニスコーチ、インド出身の商人、蘭印出身者、中国人の学生などが会員として名を連ねた。日本人では福沢諭吉の孫の福沢進太郎や、芹沢光治良の小説で「シイナさん」のモデルになった椎名其二も会員であったとされている。四半期ごとの会費は、個人は五〇フラン、賛助会員は五〇〇〇フランだった。

しかし、団体の本部とされていた、大東亜飯店オーナーの全永禧は、会員ではなかった。イギリス植民地のインドやフランス植民地のインドシナ出身の会員は、日本のプロパガンダ「大東亜共栄圏」という理念に多少なりとも惹かれ、自国の独立解放への希望を心に秘めていたかもしれない。彼らと違って、朝鮮出身で「日本人」とされた全永禧にとっての独立とは、日本からのそれを意味した。立場は難しい。場所は貸すけれども、会員にはならないというのは熟慮の末にとった選択だったのかもしれない。

パリ解放後、ＭＡＩは軍の諜報部に危険な団体とみなされた。日本人への調査の結果、ＭＡＩは、規約にあるような会員のあいだの双方向の文化交流の場ではなく、日本の影響力が圧倒的に強く、「解放者」日本人によるアジア諸国の独立という日本のプロパガンダを広めるための場所であったとみられている。語学講座に関しても、規約ではアジアの言語を教えることになっていたが、実際には日本語しか教えられていなかったという。日本人係からは次のような見解が示された。

創設メンバーや執行部のパーソナリティが影響して、この団体は諜報と政治行動の巣窟となっていた。団体での日本の影響力は絶大で、なかでも学のある安南人会員はプロパガンダの感化を受けていた。そこでは日本についての番組(軍事政策、文学、民間伝承)について語られ、会員たちは日本語での生放送を聴くように仕向けられた。(5)

「日本についての番組」とはラジオ・パリの『ニッポン』だろう。「日本語での生放送」は特定できていない。MAIの設立がドイツ軍に認可されたのは一九四三年三月、『ニッポン』が始まったのがその二カ月後だ。終了時期はそれぞれ一九四四年夏であるから、MAIの活動期間と『ニッポン』の放送期間はほぼ重なっていることになる。

MAIでは日本語講座が会員向けに開講された。日本語講座は大東亜飯店内ではなく平賀亀祐の知り合いのイギリス人女性の家で行われ、一〇名程度が受講していた。講師は早稲田大学で教えた経験があった椎名其二が務めた。MAIの会員たちは、週一、二回集まって、日本語や漢字を習ったり、文化について語りあったりした。(6)

ドー・ドック・ホーの活動

MAIの多国籍な会員のうち最も熱心に活動していたのは、仏領インドシナ出身の事務局長ドー・ドック・ホーだ。ハノイで一九〇三年に生まれたホーは一〇代で奨学金を得てフランスに渡った。パリの高校で学び、パリ大学法学部では何年もかけて学位を取った。父親は中華系で仏領インドシナで県知事を務めるほどの人物だったが、大家族だったためホーへの仕送りはなかった。保険会社で働きながら何とか学業を続けた(図6―1)。

ホーは二三歳のとき、フランスにおけるインドシナ学生卒業生総連合の副会長の座に就いていた。この団体は、在仏のインドシナ出身の高校生、大学生、卒業生のあいだの友好関係を、サークル活動や図書室の利用などを通して築いたり、離れて暮らすインドシナにいる家族との連絡を取ったり、インドシナからフランスへの留学をサポートする活動をしていた。パリ市内にある国際大学都市にインドシナ館を建てることを目指す委員の一人としても活動した。

図6―1 ドー・ドック・ホーの家族・若者サークルの会員証(Archives nationales, France, Z/6/212)

ホーはこの団体を脱退してからは、自ら団体を結成、解体、さらにまた別の団体の結成を繰り返した。政治集会では反仏的発言が目立っていたが、インドシナ最大の蒸留会社を経営するフランス人資本家の部下のように動いていたとして、一部の在仏インドシナ出身者たちの反感を買っていたといわれている。このような活動をしながらも、何度かフランス市民権の申請をしたが、取得には至らなかった[7]。

一九三七年には『パリのインドシナの学生たちからアレクサンドル・ヴァレンヌ氏への反論』と題する冊子を出版した。アレクサンドル・ヴァレンヌは左派政治家で、フランス中部クレルモン・フェランの地方紙『ラ・モンターニュ』の創刊者だ。一九二五年からの約三年間は、インドシナ総督を務めた。ホーの冊子は、日本軍の中国での動きに警戒を示したヴァレンヌの『パリ・ソワール』紙への寄稿に反応したものだった。

フランスの官憲は、ホーの活動を一九二〇年代から三〇年代にかけてずっと監視してきたが、ホーと在仏日本大使館との関わりが史料で初めて言及されるのはこの冊子の出版についてだった。日本のプロパガンダを広めるためのこの冊子は、特にカルチエ・ラタンで出回っているとし、出版にはパリの日本大使館による援助があったとみていた(8)。ホーは将来的に日本がインドシナ独立を後押ししてくれると見込み、日本大使館にとっても日本の行動を擁護するホーのような存在は利用価値があったのだろう。ＭＡＩ設立の数年前から、双方に都合の良い関係が醸成されていた。ホーは複数の日本人に接触していた。淡徳三郎のところにも相談に行っていたようだ。ただ、淡は日記に「デマゴーグ的饒舌は相変わらず不愉快」だと書きつけ、あまりいい印象をもっていない(9)。

一九三九年に第二次世界大戦が始まり、仏領インドシナ出身者がフランス軍の管理の下、インドシナからフランスへ船で連れて来られた。人数に関しては参照する文献によってばらつきがあるが、九〇〇〇名は兵力として、二万名は労働力としてだった。仏独の休戦協定が締結されたことで兵士らは除隊となった。だが、インドシナへ帰還できたのは一部であり、大部分はフランスに留まった。

これらの人びとを管理したのが、ヴィシー政府労働省管轄の原住民労働局だ。インドシナ出身者たちはマルセイユの原住民労働局に登録され、南仏のいくつかの収容施設に振り分けられた。「非専門的労働者」と分類されたインドシナ出身者たちは、火薬工場、アルミニウム工場などドイツの軍需産業に関連する労働に従事し、沼の干拓事業、カマルグでの稲作や塩業にも携わった。重労働を課せられ、賃金から交通費、食費、衣服代などが天引きされると、少ししか手元に残らなかった。収容施設で配られる食べ物の量はもともと少なく、管理していた軍関係者がそこから闇市に横流しすることもめずらしくなかった(10)。

収容施設を脱走するインドシナ人が後を絶たなかった。同胞を頼り向かったのはパリだった。パリにいたインドシナ出身の学生たちやインテリ層は、南仏にいる同胞の置かれた惨状に心を痛め、不当な扱いに怒りを覚えた。パリのインドシナ人が組織したいくつかの団体が、脱走者の受け入れ団体として機能した(11)。

南仏の収容施設からの脱走者は、ホーのところにも相談に来ていた。相談を受けたホーは南仏の収容施設にいる仏領インドシナ人全員の解放を目指すべく動き始めた。その話は単にインドシナ人を収容施設から解放するだけではなく、ドイツの軍事組織に加入させる話に発展していった。

一九四四年春、ホーはＭＡＩのインド人会員に、高級ホテルで開催される在仏インド人の集会に招待された。その集会で対独協力組織に属するフランス人に出会った。インドシナ出身者をドイツの軍事組織に組み入れる案をそのフランス人に話すと、直接ドイツに働きかけるのが効果的ではないかとアドバイスを受け、その場にいたドイツ大使館の職員を紹介された。これがきっかけで、ホーはＭＡＩ事務局長の肩書きを使い、ドイツ人に直接接触し始めた。パリの日本人に頼ったところでヴィシー政権の政策に影響力を及ぼすほどの力はないと見切りをつけたのだった。

一九四四年五月頃には大東亜飯店にもドイツ人将校と連れ立って顔を出すようになった。大東亜飯店はインドシナ人の間では以前からの名前「フジ」で親しまれていた。この頃には仏領インドシナ出身者で武装SS安南人部隊を結成することが、ドイツ軍関係者に提案されていたとされる。ホーはこの部隊が将来的には祖国独立のために戦う軍の中核となることを夢見ていたようだ。インドシナ解放とインドシナ人の待遇の改善に本気だったに違いないが、一部の同胞からは暴走しているように見られていた。その一部の同胞の代表は、ゴー・トゥ・タン医師だった。南仏の収容施設を解体し、仏領インドシナ出身者をドイツ軍に入隊させる計画に、タン医師は反対し、自分のもとに仏領インドシナ出身者が相談に来れば、思いとどまらせようとした(12)。

対日協力者の末路

パリ解放の三日前となる一九四四年八月二二日、ドー・ドック・ホーのアパートにフランス国内軍の三人の男が現れた。ホーは二人の男に銃を突きつけられ、車まで連行された。一人の男は部屋に残って物色し、書類を押収した。連れて行かれたのは、サン゠シュルピス広場の警察署だった。ホーは、屋根からフランス人を狙撃しているインドシナ出身者に武器を供給している容疑があることを告げられ、「唖然とした(13)」。

日本人も閉じこめられていたオスマン大通りの地下牢から、トゥレル収容所、ドランシー収容所、シャラントン収容所へと身柄を移された。一度釈放されたが、またすぐに「危険分子」として捕まり、一九四四年一〇月から一一月にかけて取り調べが行われた。問われたのは、MAI設立の経緯や活動内容、武装SS安南人部隊の創設に関するドイツ大使館や宣伝部とのやり取りについてだった。ホーは筆まめで、しかも長い手紙を書く人だった。押収された手紙について説明を求められた。

ホーは、一九四一年の時点で「日本の友となるには儒教の徳を重んじるよりも、賢くならねばならない」[14]と後にMAIの副会長となる友人への手紙で語っていた。この言葉から、ホーは日本のプロパガンダに感化されるがままだったわけではないことがわかる。MAI事務局長の肩書きでドイツ人と直接交渉に乗り出していたことからして、立場をうまく利用していたといえる。

一九四四年秋にホーを調べた担当官は、「ドー・ドック・ホーのケースは、安南人に関して調査してきた中でも最も深刻なものの一つ」[15]とコメントした。ホーは粛清裁判の対象となった。ドー・ドック・ホーは道を誤ったのだろうか。

予審には一年以上が費やされた。押収された文書が調べられ、ベトナム語の表音文字であるクォック・グーで書かれた手紙は翻訳された。筆跡鑑定や精神鑑定が行われ、ホーと関わりのあった仏領インドシナ出身者は取り調べを受けた。ホーを慕っていた者もいれば、逆によく思っていなかった者もいた。MAI関係の日本人で、フランスに残った椎名其二も召喚された。武装SS安南人部隊創設を発案したのはインドシナの同胞であり、その実現に向けて自分はあいだに入っただけと主張する被告人ホーと、それを否定する証言者たち。この頃にはフレーヌ監獄に入れられていたホーは、一九四六年六月六日に開かれた法廷において、「祖国反逆罪」で懲役二〇年と公民権剝奪刑を宣告された。[16]

祖国反逆罪とは一九四四年一二月二六日の政令《オルドナンス》が定めた罪であり、「フランス国民が、一九四〇年六月一六日以降第二次世界大戦中、ドイツまたはその同盟国を助け、または国家の統一性、市民の自由もしくは市民の平等を侵害した場合」に適用された。[17]フランスの保護国出身者でありフランスに居住したホーはこの対象とみなされた。

日本人が深く関わっていたＭＡＩの肩書を利用しながら、南仏の収容施設にいるインドシナ出身者を解放してドイツ軍の武装ＳＳ安南人部隊を創設しようと奔走していた事実は、たとえその計画が頓挫したとしても、敵との内通行為とみなされた。ホーが有罪判決を受けたとき、皮肉にも敵国出身者であった日本人はすでに、全員釈放されていた。

数年後、ＭＡＩで日本語講座を受け持っていた椎名其二は当時を振り返り次のように語っている。

私が日本語を教えていたインドシナ人がドイツ軍に通じて金儲けをしていたということや、大使館にいったということなどのために、私自身も数回保安課のきびしい訊問を受け、数度留置所に打ち込まれた(18)。

教え子だったにもかかわらず、ずいぶん突き放した言い方である。一方、ホーが取り調べで語った供述からは、椎名への尊敬の念すら感じる。

椎名先生はエリゼ・ルクリュの信奉者であり、社会主義を実践し、日本の野蛮な帝国主義を毛嫌いされていたことを申し上げます。先生の授業はとても意味がありました(19)。

ホーは監獄から多くの手紙を書き、自身の考えを訴えた。惨めなインドシナ人の生活、フランスがインドシナを植民地にすることで破壊していた現地の人びとの生活、フランスが大切にする人権がインドシナでは適用されていないこと。フランス人が聞きたくないことばかりだった。ドランシー収容所に囚われた日本人が訴えた内容を思い返してみると、フランスを愛するからこそ自分は脱出に加わらずにフランスに残ったのだと、皆が言い、そのうち釈放された。ホーは日本人のように釈放されたいがために、フランス人に媚びを売ることはしなかった。

インドシナ半島では先の見えぬ戦争に突入していた。祖国の様子を、塀の中にいてこの動きからは完全に切り離されていたホーはどのような思いで眺めていたのだろうか。身柄はフランス中部のリオン、南西部のエイスやサン＝シュルピス＝ラ＝ポワントの刑務所へと移された。宣告された二〇年の強制労働の刑は大赦によって段階的に減刑された[20]。一九五二年に条件付きで釈放された。一九五五年、完全に自由の身になるのはまだ先ということで、五回目の恩赦請求をしたが拒否された[21]。

史料におけるドー・ドック・ホーの足どりはここで途絶えている。

本章の最後に全永禧について触れておきたい。自身の経営する食堂が登録上ＭＡＩの本部となっていたため、フランス当局によって何度か取り調べを受けた。しかし、全永禧は、自分は朝鮮人なのに強制的に「日本人」にされたと主張し、とがめられることはなかった[22]。このようにあとになってみると、ＭＡＩの会員にならなかったことは、正解だったといえるだろう。

全永禧は戦後も「チャイナタウン」というレストランを経営した。大東亜飯店のあった左岸五区のソムラール通りから、より高級な右岸八区のフランソワ一世通りへと進出した[23]。一九六〇年代後半まではこのレストランは存在していたようであるが、訪れたことのある人がいたら話を聞いてみたい。

第7章

拷問され自殺をはかった陸軍事務所運転手
——「不要なものはすべて廃棄するように」

戦前の日本人会

ジャーナリストである岡本宏嗣《ひろつぐ》さんは、一九七〇年代末から在仏日本人会で三〇年間も事務局長を務め、在仏日本人を対象に滞在相談室を開設している。アルマ橋からすぐのところにある、その事務所の一室で岡本さんを待つあいだ、メモの準備をしたり、所在なく鞄の物を出し入れしたりして緊張を紛らせていた。この場所を訪れたのは、ここで保管されているという戦前の日本人会名簿を見せてもらうためだった。フランスで調査を始めた最初の年の冬のことだ。

「やあ、どうもお待たせしました」と威勢よく岡本さんは登場した。相談室を開いているだけあり、緊張をほぐすのがうまかった。

岡本さんがまず教えてくれたのは、戦前の日本人会(Le Cercle japonais)は、現在の日本人会とは別の組織だということだった。戦前の日本人会は一九一八年頃に設立され、日本大使館の庇護のもとにあった。一九二三年、パリ滞在中の日本人間の親睦をはかり、相互連絡を保つことを目的とした団体《アソシアシオン》としてフランスで正式に登録された。パリ一七区デバルカデール通り七番地に所在する建物一棟が大使館により取得され、この団体の事務局とされた(1)。そして日本人会館として親しまれるようになった。

パリ滞在歴が長い岡本さんは、戦前の日本人会会員が存命だったころ、昔の話を聞いたことがあるそうだ。

日本人会館は、足を置くと沈むようなふかふかの絨毯が敷き詰められていた。日本料理を出し、バーカウンターやビリヤード台もあった。「軍人さんたち」がくつろいでいて、若い青年などが足を踏み入れるのは緊張するような場所だったらしい。集っていた多くの日本人も、パリ解放直前に脱出した。

フランスにおける日本の財産の保護に関しては、ヴィシーに駐在していた日本大使、三谷隆信の行動にかかっていた。

一九四四年八月半ば、三谷はヴィシーのドイツ大使館からの申し出に従って、大使館員と共に、ペタン元帥たちに同行するためヴィシーを離れることにした(2)。三谷は在仏スイス公使シュトゥッキ宛てに日本大使館と大使公邸の保護を書面で依頼した。それぞれの物品目録と鍵も同封した。公邸にはまだしばらくフランス人料理人一家がいるという(3)。中立国スイスは、解放後のフランスでの日本の利益代表国として、日仏間の連絡関係が途絶えぬよう仲介をし、建物や財産の保護にあたった。フランス外務省とスイス公使館との間で、日本関係の建物のどれを公館とみなしてスイスの保護対象とするかに関して議論が重ねられた。三谷大使のいたヴィシーだけでなく、パリの複数の物件もスイスの保護対象となった。難なく決まったのは、グルーズ通りの領事館、オッシュ大通りの大使公邸、アングル大通りの海軍事務所、ボーセジュール大通りの陸軍事務所だ。しかし、デバルカデール通りの日本人会館だけは、スイス公使館はフランス外務省に検討を委ねた。その結果、フランス外務省は日本人の代わりにスイス人の管理人を置くことを条件として、スイスの「非公式」保護対象と認めた。[4]

日本の建物や財産は、スイスによる「非公式」な保護が一九四五年一一月まで続いた後、フランス外務省に引き渡され、接収された。[5] 一九五二年四月にサンフランシスコ講和条約が発効し、日本は再び外交関係を持てるようになったが、これに先立って、一部の国に在外事務所が設置された。[6] パリに開設された日本政府在外事務所は、返還されたオッシュ大通りの旧大使公邸に入った。[7] 現在、大使館はこの場所にある。

拷問された陸軍事務所職員

岡本宏嗣さんは、一九八〇年代にパリの在仏日本人会を訪れ「イシダが死にました」とだけ告げて去ったフランス人女性のことを記憶している。後になって、その女性が昔からパリに住んでいた石田新吾という人物の妻だったことが判明したという。

「イシダ」と聞いて狼狽《うろた》えたのを、私は悟られまいとした。石田新吾の名前はパリ解放後に拷問を受けた人物として、この話を伝え聞いた日本人の回想録で読んだことがあった。それを知っていて、岡本さんはこの話をしているのだろうか。確信がもてなかった。パリ解放後に拷問された日本人がいたことについて、パリ在住歴の長い岡本さんも知っているかと聞いてみればよかった。いまになってそう思うが、このときは安易に質問するのは憚るべきであるような気がした。これから書くことは、そのあとに行った調査でわかったことだ。

石田は、日本の陸軍事務所の現地採用の職員だった。戦後売春宿の台所で「日本料理店」をすることになる浅田スマ子の同僚だったことになる。一八九九年に福岡で生まれた石田は、一九二〇年頃、園芸術を学ぶためにフランスに渡った。パリ、ワルシャワ、リヨンなどで管理人、運転手、庭師、小間使いとして働きながらも、園芸への情熱を失ってはいなかったようだ。フランス人と結婚し、共同で購入したオルレアンの家の庭で植物の栽培に励んだ。日本の陸軍事務所の軍人に請われ、再びパリで働くようになったのは一九三〇年代末だった。一九四〇年六月、ドイツ軍がパリに攻め入ることを恐れて多くがパリを脱出したが、陸軍事務所も同様だった。石田が語るには、陸軍事務所はボルドーの南のバルサック村まで南下した後、ヴィシーに一旦落ち着いたが、最終的にはパリに戻った。ドイツ占領期を通じて、石田夫妻はパリの陸軍事務所に住み込みで働いた(8)。

石田は、一九四四年八月の日本人集団脱出には加わらず、フランス人の妻と共にパリに住み続けるという選択をした。ただしそのように決断したのは脱出が決行される直前だった。

石田の当時の上司だった桜井一郎が、自伝でこのときの事情を振り返る。

午後七時ケイドルセのセーヌ河畔で、総領事や海軍の連中と落ち合うばかりである。そのときになって、自動車を運転する予定だった事務所勤務のIが、パリに残ると言いだした。もっとも彼はフランス婦人と結婚しているので、女性上位から奥さんに引き止められてしまったわけである。しかしこちらは計画が崩れて大弱りで、致し方なく早期養成の新前に代らせたが、これが後

でいろいろ面倒の起こる元になってしまったのである。(9)

陸軍事務所は、地下鉄ラ・ミュエット駅近くのボーセジュール大通りにある建物の一階を借りていた。その場所に行ってみると、大きなファサードの両端の角は丸くなっていて、窓ごとに施された流線形の装飾が優美な建物があった。借りていた物件には、執務室や秘書室や応接間など七つの部屋があった。石田夫妻は使用人部屋に住んでいた。(10)

石田夫妻に対しては、建物がスイスの保護下に置かれても、退去することなく住み続けてもいいという決定が下された。ただし、出入りは勝手口からのみで、正面玄関と執務室に通じるドアは完全に封鎖された。石田の住む陸軍事務所には、グルーズ通りの領事館に住んでいた椎名其二も移されることになった。また、日本人会館に日本人会秘書として住んでいた沼澤三郎は海軍事務所に移された。(11)

石田たちのように解放後のフランスに残った日本人を収容するかどうか、フランス臨時政府の中で話が持ち上がっては、消えていた。パリが解放されてすぐの頃、植民地大臣、外務大臣、内務大臣の間で、パリにいた四〇名ほどの日本人全員を収容する案について書簡のやり取りがあった。この三人の中で、インドシナのフランス人住民への報復の根拠となってはならないとしつつもこの案を提示したのは、プレヴェン植民地大臣だった。(12)

一九四四年一一月には内務省において、収容場所としてフランス中部クルーズ県が検討された。まず候補地に挙がったのは、温泉地エヴォー＝レ＝バンにある収容所だった。この収容所はヴィシー時代には政治犯を閉じこめていたが、収容所の解放後はフランス国内軍の管理下に入った。翌年三月には同県内のマス＝ローラン城が候補地として挙がった[13]。

連合軍の不満

日本人会の事務局があった日本人会館の窓格子には、建物がスイスの保護を受けている旨が書かれた告示文が針金で括り付けられ、建物の入口は封鎖された。

一九四五年三月一九日、在仏スイス公使館は、日本人会館に配置されたスイス人管理人から、二日前に掲示し直したばかりの告示文が取り除かれ、辺りを探しても見つからないという報告を受けた。管理人によると、午前二時に寝るまで不審な物音は聞かなかったが、朝起きてみると告示文はなくっていた[14]。針金ごと荒らされていた状況からして、故意の仕業とみられた。

日本人会館の建物一棟は、スイスに保護されていた他のいくつかの公館とは異なってこの事件以外にも接収の圧力のようなものがあり、それに耐えてきた。何者かが後ろで操り、あの手この手で日本人会館を日本人から取り上げようとしているかのようだった。この事件の二週間ほど前には、日本人会会長の森田菊次郎が警察署に呼び出され、日本人会館は接収されることになったと告げられたり[15]、事件の翌月には在仏スイス公使館にフランス戦争省から日本人会宛ての接収命令が郵便で届いたりした[16]。

事件から数日後、告示文は新しく貼り替えられた。告示文を持ち去ったのは、近所に駐留していた連合軍兵士の一人だろうと推測された[17]。

在仏アメリカ大使館は、かねてからフランス外務省に不満を伝えていた。連合軍の担当官が、日本の建物への立ち入りをスイス当局に阻まれているという事実に対してだ。連合軍は、スイスの保護下にある建物には、事前のスイスの許可なしに、内部を捜索することはできなかった。告示文を取り去るというういたずらのようなやり方には、アメリカの抗議の意思が表れていた。

実は南満洲鉄道事務所もスイスの保護対象として検討されていた。にもかかわらず対象から外されたのは、駐仏アメリカ大使がフランス外相に抗議したためだった。フランスはこのアメリカの抗議をスイス公使に伝え、スイス公使は自国政府と相談した結果、保護対象からはずすことが決定された。(18)

連合軍遠征軍最高司令部の参謀第二部日本人課では、米英の将校の下に、ナガノ、ウラベ、ヤマネという三人の日系二世のアメリカ人も配属された。(19)太平洋上で展開する戦いを遂行する連合軍にとって、作戦上重要であろう日本や日本人の活動について、ヨーロッパで得られる情報を収集するのが日本人課の任務だった。

イタリア、フランス、ベルギーから、日本に関連する文書が持ち出された。イタリアでは商取引や武器に関する資料だけでなく、現地に住む日本人の活動が調べ上げられた。

しかし主な狙いはドイツに存在する情報だった。一九四四年一二月には、ベルリン、ハンブルク、シュトゥットガルト、ミュンヘンなどの大都市だけでなく、あちこちの町にある日本と関係を持つ企業や機関に狙いが定められた。調べるべき人物や組織の所在地、そこで入手すべき情報などが記載されたリストが関係部隊に配布された。

ドイツにあった日本企業の事務所、日本と取引のある現地企業、教育機関、友好協会、ベルリンの日本大使館が標的とされ、個人もその対象となった。手紙、名刺、連絡先、各地の地図、法律書、商取引の文書、技術情報、武器取引の記録、暗号帳が押収された。

フランスでも調査が行われていたが、連合軍の思うようには進まなかったようだ。機密資料があると思われる大使館、陸軍事務所、海軍事務所、日本人会館がスイスの保護下にあったからというだけでなく、フランス当局との関係のためである。

連合軍参謀第二部とフランスの軍の諜報部は連携しており、合同会議が開かれていた。両者は協力関係にありながらも、「フランスが所有する文書はフランス側の明確な承認がない限りワシントンに転送することはできず、それはいつも得られるとは限らない[20]」という参謀第二部の文書の一文に、実情が垣間見える。フランスにおける日本についての情報収集に関していえば、日本の利益保護を行っていたスイスだけではなく、フランスも連合軍に自由にさせていなかったようだ。

連合軍の不満は、建物への立入りや情報の共有に関することだけではなかった。いまだにパリには日本人が住んでおり、しかも自由な行動を許されているのをアメリカは由々しき事態と見ていた。日系人の強制収容を積極的に行っていた国にとって、それが受け入れがたい光景なのは不思議ではない。

すでに一九四四年一〇月にはアメリカで、パリの日本人について報道がなされていた。

四〇名の日本人《ジャップ》住民がパリの街を闊歩する
パリ、一〇月三日［遅発］（AP通信）
フランスは日本と交戦中にもかかわらず、パリの四〇名の日本人住民は、連合軍部隊でいっぱいのこの街をいまだに自由に動き回っている。日本人は敵国人として逮捕されることになっているが、フランス戦争省によると、「行政手続きの遅れ」により、これまでのところ何の措置もとられていない。非公式見解では、インドシナにいる何千人ものフランス市民に認められている自由と引き換えに、日本人は自由な行動を許されているのだという[21]。

連合軍には、日本人に対して何らかの措置をとるようにとの要請を、フランスは本気で受けとめていない節があるように見えていた。

フランス内務大臣は、一九四四年一二月二一日に、臨時政府の地方代表である共和国委員と県知事に向けて「フランスに居住する外国人に適用する措置」という通達を出した。フランスに住むすべての外国人を対象とした調査を行うということだが、その理由を次のように述べた。

一九四〇年以来起きた出来事により、フランス国内に居住する外国人は大規模に再三移動させられた。

実際のところ、多くの外国人が、大概本人の意思に反して、ある場所から別の場所へと身柄を移され、職業を変えさせられてきた。また別の多くの者たちは、ドイツやヴィシー当局により迫害され、偽の身分で生きることを強いられたが、今日、合法的な立場に戻らなければなるまい。さらにドイツ人によってフランスに連れて来られた外国人が一定数おり、この人びとは大抵の場合、有効な査証を所持していない。また、状況を利用して、我々の国土に不正に侵入したり、フランス当局が感知せぬまま、居住地や職業を変えたりした。

したがって、大至急、現在フランスに住むすべての外国人の一斉調査を行わなければならない[22]。

この通達で説明される外国人の複数のカテゴリーのうち、日本人は「敵国出身者」に入っている。「敵国出身者」とは、一、ドイツ人、二、ドイツに忠誠を誓ったオーストリア人、三、共和ファシスト党員もしくは枢軸国に好意的態度をとってきたイタリア人、四、ハンガリー人、五、日本人とタイ人だ。タイは仏領インドシナに組み入れられている土地をめぐってフランスと争っていた。

同じ通達の中で、これらの外国人は、一九四四年一二月一二日の政令第二条により、生活は居住地域のみに限られ、そこから出る場合は通行許可証を必ず携帯しなければならないことも述べられた。一五歳から六五歳の者は、毎週検査を受けるために、定められた日時に警察署などに出頭することが義務づけられた[23]。

このように一九四四年から一九四五年冬の段階でも、フランスは日本人の調査はするが、全員の収容には積極的だったとはいえない。フランス臨時政府ではパリの日本人に対する措置を数カ月間検討していたのは事実だ。しかし、アメリカの新聞記事でも述べられている通り、日本や、日本に占領されている中国とインドシナに多くのフランス人が住んでおり、日本による同胞への報復を恐れていた。それで収容という措置に踏み切れなかったのだ。

このフランスの方針が転換される出来事が、東アジアで起きた。

極東での交戦の影響

「明号作戦《めいごう》」と名付けられ、「仏印武力処理」とも「三・九クーデタ」とも呼ばれることのある一九四五年三月九日の日本軍による軍事作戦は、フランスでは「襲撃(coup de force)」と表現される。曲がりなりにも日本と協力関係にあったヴィシー政権が消滅し、中国やインドシナに残留しているフランスの部隊が反旗を翻すのではないかと日本側では不安視されていた。そこで、仏領インドシナ軍を攻撃して日本軍がハノイのインドシナ総督府を掌握した。日本には、フランス軍が行動を起こす前に「処理」するという意図があった。さらに、米軍に敗退を重ねていたことで、日本軍は米軍のインドシナ上陸を視野に入れなければならない状況にあった。

日本軍は、フランスの軍人に対してだけではなく、仏領インドシナのあちこちに住んでいたフランス人の文民に対して収容の措置をとった。捕虜として収容されたあるフランス人の将軍は、憲兵隊により拷問を加えられた同胞の叫び声を聞くのは、日常茶飯事だったと証言する。憲兵隊は、日本軍に対する抵抗組織についての情報をフランス人に吐かせようとしていた。[24] 日本の軍人がフランス人女性に対して暴行に及んだとの報告もある。[25] 憲兵隊は、その拷問方法の荒っぽさから、現地では「日本のゲシュタポ」と呼ばれた。[26]

明号作戦の数日後、ドゴールはラジオ演説でこう述べた。

　この六日間、インドシナではフランス軍と日本軍とで激しい戦闘が繰り広げられています。

（中略）極東での戦争の新たな局面が始まったということです。レジスタンスがフランス本国で編成されたように、国民委員会は、今日ではフランス政府でありますが、極秘かつ困難な方法によってインドシナでのレジスタンスを呼びかけてきて、少しずつではありますが実際に組織されました。そして今日、侵略者と我々のインドシナ軍との間の戦闘は、政府が立案した計画通りに、政府により任命された司令官の指令の下で展開しています。(27)

曖昧だった在仏日本人の処遇が変化したのは、フランスが日本と交戦状態にあることが表明されて数日後というタイミングだった。インドシナに住むフランス人を取り巻く状況が危機的になったことで、フランスが在仏日本人に対して何らかの措置をとらざるを得なくなったのだろうか。連合軍の目につく「好ましからざる」日本人の国外追放も選択肢として検討されるようになった。

パリにある日本の陸軍事務所に住まわせ監視下に置いている、石田新吾と椎名其二、海軍事務所に住まわせている沼澤三郎がその対象として考えられた。追放先の候補地はスイスだった。

フランス外務省は、この三人を収容するか、国外追放にせざるを得ない状況をスイスに対して説明し、国外追放にした場合、スイスは受け入れることが可能かどうかを問うた。受け入れ可能な場合は、三人とその家族をスイス国境まで連れて行き、そうでない場合は、三人の収容手続きがとられるという。(28)

スイスは日本人の受け入れに難色を示した。(29)

時を同じくして、スイスから出された石田への手紙が当局に奪われた。差出人は元上司の桜井一郎で、一九四五年三月二〇日付けだ。フランス語で書かれていた。桜井は、一九四一年三月にフランスに入国し、「技術本部仏国駐在官」として陸軍事務所に勤務した。パリの日本人集団脱出には準備段階から参画した。ベルリンへ脱出したあと、中立国スイスに入国し、首都ベルンの在スイス日本公使館の武官室で情報収集の任務にあたっていた。

まず石田が、スイスの日本公使館で運転手をしている知り合いの日本人に手紙を書いた。監視下に置かれている現状から脱すべく、その人物に何らかの働きかけを依頼したようだ。

図7-1　逮捕時の石田新吾
(Archives nationales, France, 20160181/17)

ところが、その人物は急性肺炎で亡くなっており、石田の手紙は当人に渡ることはなかった。代わりに石田に返事を書いたのは、スイスで勤務していた元上司である桜井だった。桜井は、返信において、運転手の死を石田に知らせただけにとどまらず、陸軍事務所に残っている「不要なものはすべて廃棄するように」と指示した。手紙の存在を受けて、石田の住まいで家宅捜索が行われるようなことが内務省諜報部の一九四五年四月一八日付けの文書で示唆されている。[30] そして二〇日、石田は内務省国土監視局によって捕らえられた(図7-1)。

石田が逮捕された際の詳しい状況についての言及は史料には見つからなかった。しかし、当時パリにいた加藤菊枝が伝え聞いたところによれば、「陸軍事務所にひとり残り、書類を焼いているところをＦＦＩ〔フランス国内軍〕に捕まった事務所のひとは、拷問にかけられた[31]」。これが石田である。

石田と一緒に陸軍事務所に住まわされていた椎名其二も連行されたが、拷問されたのは石田だけで、椎名は解放された。

拷問を受けたことで絶望した石田は、自殺しようと静脈を切った。そしてパリの市立病院《オテル＝デュー》に入院した。フランス人の妻の面会は許された(32)。

石田新吾について、フランス軍事省国防史編纂部の記録では、近所の評判として「まじめでいい人」(33)、パリ警視庁の記録では「不遜きわまりなく、かなり頭の切れる男」(34)と、相反するような評価に出会った。石田は、集団脱出の運転手役を直前になって下りたことで桜井たちに迷惑をかけた分、陸軍事務所を守る責任を感じていたのだろう。石田は上司の言葉に従って、指示通り文書を処分しようとしていたのではないだろうか。日本人の回顧録から浮かび上がる石田新吾像は、どちらかというと前者の評価に近い人間である。石田は退院後、留置所に入れられ、ドランシー収容所に移された。

一九四五年六月の行政収容命令の対象ともなった石田は、他の日本人に先立ってドランシー収容所に入っていた。

一〇月九日、石田は釈放された(35)。

日本人の中で最も手荒な扱いを受け自殺まではかった石田ではあったが、岡本さんの話によれば、その後四〇年ほど妻とパリに生きたことになる。慰められた気持ちになった。

第8章

行政収容された画家とされなかった画家
――「恩を仇で返す」

画家夫妻の拘束

五四歳の画家、原田梨白《りはく》は、一九四四年八月末のパリ解放時に拘束された。ドイツ人との交友関係を疑われただけでなく、パリ市内で噂された「屋根から発砲する日本人」（第1章参照）であるとの嫌疑がかかったためだ。(1)妻のベルトも同時に捕まった。ベルトの生まれがドイツと文化的に近いアルザス地方だったことも、二人を不利にした。ベルトは四〇歳だった。

二人のアパートは、パリ一三区の縁にあり、すぐ裏手は工業地域だった。その地域はフランス国内軍の南地区支部が管轄していた。ベルトは南地区支部の事務所でフランス人中尉の取り調べを受けた。それから中尉と監視役の男を自宅アパートまで案内させられた。

中尉が報告書の中で「簡素な住まい」と呼んだ場所の捜索は、ベルトの立ち会いの下で行われ、書類がいくつか押収された。在仏日本人の連絡先一覧、パリの自宅とベルリンでの滞在先の住所が書かれた原田の名刺、ドイツ人の役人の名刺などだ。しかしそれは大した数ではなかったため、中尉はベルトをその場で釈放して良いと判断し、アパートをあとにした。(2)

中尉があえて「簡素な住まい」と言った理由が、ある証言を通じてわかった。どうも狭小な屋根裏部屋だったようだ。パリに駐在していた商社員の長女は、原田夫妻に昼食に招かれた両親に連れられ、二人の住まいに行ったことがある。初めて訪れた屋根裏部屋という空間を鮮明に覚えているという。大企業の駐在員が住むような一六区のアパルトマンとはかなり趣きが異なっていたからだ。

同時に捕らえられた原田夫妻だが、取り調べは別々に行われ、夫梨白の居場所はベルトには知らされなかった。

盗聴された会話

九月二日。パリがドイツ軍から解放されてから一週間が経っていた。日本人は、外出は控えた方が賢明だった。ベルトはフランス人だが日本人と結婚していたために、他の市民のようには浮かれてはいられなかった。

原田夫妻宅の電話の通話内容は、フランス国内軍に盗聴され、書き取られた。友人に自由に会いに行ける状況にはないベルトは、朝から夕方まで、電話にかじりついていたようだ。フランス軍事省国防史編纂部には、その記録が保管されている(3)。その一部を見てみる。

午前一一時二八分、ベルトはジュヌヴィエーヴ・森田に電話した。日本人の夫とフランス人の妻という同じ組み合わせの夫婦で日頃から交流があったと思われる。

「拘束されたのは密告されたからじゃないかしら」と、ベルトが訝しんだところで、電話回線が途切れた。

一一時三四分、ベルトはジュヌヴィエーヴにかけ直した。拘束したのは「アメリカ軍」なのか、それとも「フランス国内軍」なのかとジュヌヴィエーヴがベルトに問うた。フランス国内軍だとベルトは答え、家宅捜索を受けて、書類がいくつか持っていかれたことを伝えた。

森田夫妻にとっても原田夫妻の拘束は人ごとではない。原田夫妻の心配をしているというよりも、自分たちの身の安全の方を考えて情報収集していたように窺える。ジュヌヴィエーヴはラジオ・パリの番組『ニッポン』に出演し、日本での子どもの教育について話したことがあった。そのことは当局にも知られていた。(4)

一二時二八分、ベルトは音楽家のシボールに電話をかけた。「夫が釈放されないなんて思いもよらないことだった」と嘆くベルトのために、シボールも力を貸してくれる様子だった。

一三時二四分、電話を掛けてきたのは女友だちと思われるブールデルだ。彫刻家アントワーヌ・ブールデルの娘なのかどうかは確認できなかったが、原田梨白が画家だったことから、芸術の世界でつながりがあったのかもしれない。

「ご主人は戻っていないの?」とブールデルは心配し、「一日、二日したら必ず帰って来るから」とベルトを励ました。これに対しベルトはブールデルに先ほどのシボールとのやりとりを明かした。

「シボールさんはクローデルさんにかけあってもらうようお願いしてみると言ってくれたわ」

一七時五分、名前を「ハリカワ《Harikawa》」と書き取られた人物からベルトへの電話で、夫原田梨白の居場所が判明した。サン＝シュルピス広場の六区解放委員会に留め置かれていた。(5)

疑い

原田梨白が留置されていた頃、パリの別の場所ではまた別の日本人画家が拘束された。ＭＡＩの会計係だった平賀亀祐は、パリ解放から三日後の一九四四年八月二八日、フランス国内軍に捕らえられた。高額な金品もこの一味に持ち去られた。平賀はパリ一五区に所在するデュプレクス兵舎に一二月頃まで収容された。ドイツ人捕虜に混じってこの兵舎に収容されていた唯一の日本人だった。[6]

『一本の釘』はそれから二五年ほど経って出版された平賀亀祐の自伝だ。

平賀は一八八九年、志摩半島の漁村、片田村（現在の三重県志摩市志摩町片田）に生まれた。地元の人によると、この村は当時「アメリカ村」と呼ばれていたそうだ。多くの移民をアメリカへ送り出していたからだ。平賀自身も一六歳のとき、アメリカへ移り住んでいた伯父を頼って太平洋を渡った。アメリカでは実に多くの仕事に就き、苦労の連続だったようだ。才気と大胆さ、そして指先の器用さも武器として逆境を乗り越える様子が自伝には生き生きと描かれている。約二〇年を過ごしたアメリカを離れて一九二五年にパリに向かったのは、画家として一人前になるためだ。パリでは画業に精進し、官展《ル・サロン》での受賞を重ねた。自伝によれば、一九三四年に銅賞、一九三八年に日本人初の銀賞、六五歳になった一九五四年には金賞と風景画部門のコロー賞を受けた[7]（図８−１）。

功績が認められ、フランスでも日本でも勲章を受章するまでに成功した平賀だが、どうしても自伝に書いておきたいことがあったようだ。自分がパリ解放時に投獄されたのは、ある人物の密告によるものだったとの疑いだ。

その人物は「パリで画家になりすまして」いて、「画家としては到底やっていける才能」がなく、「パリで料理屋を開きたい」とさえ言っていた。平賀としては「随分援助をしてやってきたつもり」だった。それなのに、この人物は「恩を仇で返す」かのごとく、平賀が日本の国粋的右翼団体黒龍会の大物であるかのように垂れ込み、平賀が身を隠していた場所をフランスの官憲に漏らして、「自分だけは助かろう」としたという。だが平賀が「刑務所を出られるようになったと同時に」「アルザス州へ逃げて」いき、「やがて半身不随になり、哀れな最期をとげた」という(8)。

名前は伏せてあるが、恨みが向けられているのが原田梨白なのは明らかだ。

図8-1　平賀亀祐(平賀亀祐『一本の釘』)

原田梨白の活躍

「梨白」は雅号であり、本名は彦太郎という。一八九〇年に日本橋の魚河岸で生まれた。三〇歳になろうかという頃に「新しき村」へ参加し、武者小路実篤や岸田劉生など白樺派と交流をもつこととなった。三〇代半ばには料理の腕前を生かし、日本橋蠣殻町で天ぷら屋を開いた。絵、謡、料理、と才能はいろいろあったようだ。しかし、日本では、第一回春陽会美術展で静物画が入選したことはあっても、画家として高い評価を得た様子はない。(9)

フランスへ渡ったのはその数年後の一九三一年のことだ。四〇歳を超えていた。

その後、東京よりもパリでの方が、画家として活躍の場を得られたことは、素人目にもわかる。渡仏した翌年には早速、審査なしで自由に出展できるアンデパンダン展に作品を二点出した。(10) 一九三三年、国民美術協会の装飾芸術部門で準会員に選出された。一九三〇年代後半には満鉄が出していた雑誌『フランス・ジャポン』で紹介された。(11) 日本の国策会社発行の雑誌が日本人画家を取り上げることは、宣伝という面があることは否めない。それでも当時パリには多くの画家が住んでいたのに、荻須高徳や長谷川潔と並んで取り上げられていることを考えると、やはり画家として一定の地位を得ていたと考えていいだろう。

一九三〇年代後半は毎年のように「日本新古典主義派」の画家として紹介され個展を開いた。日本大使館が後援していた。一九三六年にはフォブール・サン＝トノレにあるシャルパンティエ画廊にて個展を開催した。これを報じた新聞によると、オープニングには日本大使やパリ国立高等美術学校校長が臨席し、「オカモト」という人物が言葉を寄せた。(12) 一九三七年には、バルビゾン派や印象派の作品を先駆けて取り上げたことで知られるベルネーム＝ジュヌ画廊にて、一九三八年にはアムステルダムのフランス・ビュッファ・エン・ゾーネン画廊にて個展が開かれた。ベルネーム＝ジュヌ画廊で展示した作品「遊覧船」は、フランス政府によって買い上げられ、ジュ・ド・ポーム美術館に所蔵された。(13)

図 8-2　ベルリンでの原田梨白展のオープニングレセプション．原田夫妻（右から2・3番目）の他に，淡徳三郎（シャンデリアの左下の女性から1人おいて左）の姿もある（Bundesarchiv Berlin-Lichterfelde, R 64-IV/94）

そしてフランスがドイツに占領されて二年後の一九四二年、原田はベルリンの独日協会に招かれ、個展を開いた。

一九二〇年代後半にベルリンで創設された独日協会は、一九三三年のヒトラーの権力掌握後に政治的な性格を強くもつ団体として再編成された。政府の統制下に置かれることによって、独日協会が実施する「ドイツにおける日本についての知識を広め、かつ深める」ための文化活動は活発化した。日本からの訪問者の受け入れ、山田耕筰や近衛秀麿らの室内楽と交響楽の演奏会、原節子主演の『新しき土』（ドイツ版タイトル『侍の娘』）や高峰秀子主演の『馬』などの映画上映会、演劇、レセプション、文化講習、講演会、政治大会、日独学術会議と、多様な形式の催しが行われた(14)。

原田梨白展が開かれた一九四二年には日独間の交通が途絶していた。そのため、一九三九年の伯林日本古美術展の際のように(15)、国宝を含む美術品を日本から運ぶのは現実的ではなかった。「当地に於ける材料に依る小規模の展覧会」の開催のため、(16)パリ在住の日本人画家が着目された模様だ。

原田梨白展は、ベルリン、アホルン通り一番地の独日協会本部にて、一九四二年九月一九日から一〇月四日の二週間、開催された(図8-2)。

約三〇点の作品が展示された。パリのノートルダム寺院、コート・ダジュールのエズやマントン、ロワールのシノン城、ブルターニュの海岸、アルザスのオ・ケニグスブール城、ベルギーの町の塔、アントワープの港などを描いた風景画が多くを占めた。(17)

九月一八日に開かれたオープニングレセプションにはドイツ政府関係者、報道関係者、大学関係者、日本大使館関係者が参加し、俳優のヴィクトル・デ・コーヴァとオペラ歌手田中路子夫妻も華を添えた。(18)パリからも淡徳三郎ら複数の日本人が出席したとみられる。

原田の描く風景画は、極東から来た日本人が見た西洋の景色として受けとめられた。原田の用いた技法も注目された。原田は、基底材としてキャンバス地ではなく絹地を使い、日本から取り寄せた顔料を使用した。パリに一一年間住み、フランス絵画から影響を受けながらも、自己を保ち、うまく自分の絵に昇華させた。異国に住むことによってこそ、原田の絵は生まれた。原田展を論じた複数の記事では、概ねこのようなことが述べられた。(19)

原田はナチ党機関紙にインタビューを受け、自分自身について少し語った。父親が望んだように大学の法学部に入ったが、自分には向かないと感じ大学を中退した。そしてもともと好きだった絵を志し、ある日本画家の助手となった。助手を務めた三年間はきつかったが、おかげで技を体得したということだ。(20)

原田梨白展は、独日の外務省が関与した「啓蒙事業」の一環であった。だが、たとえ官製の絵画展だとしても、原田個人にとっては、ヨーロッパで収めた最大の成功の一つとして数えられるに違いない。

原田梨白展に前後して、平賀亀祐もベルリンの日本大使館に飾る絵を依頼され、ベルリンに赴いた。原田の成功は平賀にも聞こえていただろう。再会した折には、もしかしたら祝福してあげていたかもしれない。

軍の諜報部の見方

軍の諜報部は、黒龍会という得体の知れない諜報網がフランスに存在し、平賀がその元締めとして、会合を平賀の自宅や日本領事館で開き、屋根から発砲するよう日本人に指図していたという疑いをかけた。黒龍会は頭山満《とうやまみつる》がつくった国粋主義的団体だ。平賀の自伝によれば、自宅でフランス国内軍に拘束されたのも、黒龍会とのつながりが疑われたためだった。家宅捜索のとき、平賀は偶然にも黒龍が彫られていた昔の日本刀の柄の飾り金具、目貫をネクタイピンとして胸につけていた。これがたちまち「証拠」とされたのだ(21)。日本人係での取り調べで、平賀は黒龍会の会員であることは否定した。ただ、黒龍会へのかかわりが問題になっているにもかかわらず、頭山を尊敬していたことは、隠すどころか、堂々と主張した。

平賀こそが黒龍会の大物だと垂れ込んだとして、原田を疑う平賀であった。

ところが、フランス軍事省国防史編纂部の史料によれば、軍の諜報部がこれらの情報を仕入れたのは原田からではなく、ジョルジュ・エミール・エルツというフランス人からとなっている(22)。平賀の逮捕に原田が関係していたというのが平賀のまったくの思い込みだったとは断定できないが、少なくとも文書では確認できなかった。

このエルツという人物は、本人の供述によれば、一九三〇年代にフランス保護領モロッコに住み、フランス人やドイツ人、スペイン保護領モロッコの総督府のあったテトゥワンに赴きスペイン人にも情報を売り込んでいた。

エルツは一九三九年に平賀と知り合い、付き合うようになった。ある日、平賀の留守中に家に侵入し、平賀の所持する書類の中には、フランスにおける日本の諜報網である黒龍会関連の文書があることを知った。その文書には、黒龍会の工作員やドイツ人との関係についての非常に興味深い情報が含まれていた。この文書が平賀の家から消えているのならば、見つけ出すのに協力すると申し出た。荒唐無稽に思われる国際的諜報網黒龍会だが、その不気味さゆえなのか、平賀の件をきっかけに、フランス当局は、日本や特にインドシナでの黒龍会の活動に注目して一九五〇年頃まで調査を継続していたようだ(23)。

軍の諜報部は慎重で、自称情報屋のエルツの供述を鵜呑みにしなかった。特にエルツが語る自身の経歴についての話はあまり信憑性がないとみなした。このときエルツは別件で、ロワール地方において収容されていたようだ。

それでも軍の諜報部は、平賀がＭＡＩの主要メンバーであること、反仏活動に身を投じていたインドシナ出身者ドー・ドック・ホーと親交があったこと(第６章参照)、ベルリンの日本大使館から依頼を受けて絵を描きに行ったことを見逃さなかった。いかなる理由であってもベルリンへ行ったのは汚点となった。そして平賀は行政収容措置の対象となり、ドランシー収容所に入れられた。それならば、原田も同じ運命を辿ると考えるのが普通だろう。
しかしそうはならなかった。

行政収容を免れた理由

次は小松ふみ子の回顧録『伯林最後の日――附巴里脱出記』の冒頭を飾るエピソードだ。一九四四年五月一二日とされている。

ポール・クローデルが詩の豪華版を出版する事になって、挿絵を日本人のH画伯に依頼した由専らの評判になっているのは聞いていたが、今朝其の詩の草稿を雑誌社グラッセで偶然S氏に見せて貰った。
パラパラと頁を繰ると、日本画的な繊細な筆致で砂地にあげられた一艘の小舟、前面の青い海、薄色にかすんだ向うの陸地が眼に入る。(24)

劇作家で詩人のポール・クローデルは一九二〇年代に大使として日本で過ごしたことがあり、日本人にも人気が高い。「詩の豪華版」というのは『都々逸』のことで、クローデルが一九三六年に発表した「日本の小さな詩」に手を加えたものだ(図8-3)。「日本の小さな詩」は、日本の詩歌をフランスに紹介した第一人者であるジョルジュ・ボノーの一九三五年の作品『日本詩歌選』をよりどころにしながらつくられた。[25] ボノーは、通算約二〇年間日本に滞在し、多くの日本の詩文、和歌、俳句をフランスに紹介し、夏目漱石『こころ』の仏訳なども手がけた。

『都々逸』の序文は一九四四年三月二三日にパリにて書かれたとされている。和綴製本された本作品は、パリの印刷所にて一九四五年五月一五日に仕上がり、ガリマール社から出版された。[26]

なぜこのように『都々逸』について長々と述べているかといえば、クローデルが挿絵を依頼した「H画伯」こそ原田梨白だからだ。

二六編の詩はそれぞれ見開き二ページが使われている。左のページにフランス語と英語で詩が書かれ、右のページに日本語の詩の題と「挿絵」が配されている。でもこれを挿絵と呼んでいいのかわからない。『マサコ』という、日仏ハーフの作家キク・ヤマタの一九二五年に発表された小説がある。この小説が一九四二年にストック社から再刊された際、原田梨白が挿絵を描いた。[27] こちらは明らかに挿絵なのに対して、『都々逸』では詩と絵は同じだけの紙幅が割かれている。『都々逸』は詩集であり、画集でもあるのだ。

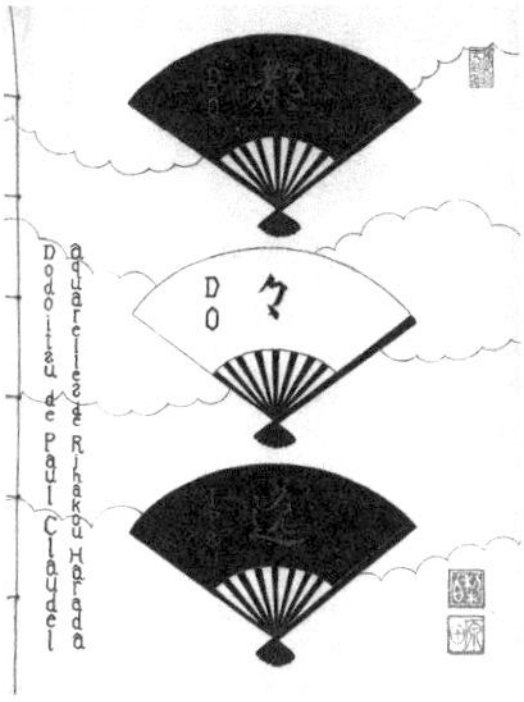

図 8-3 『都々逸』

原田梨白の作品にある和の感じがフランスで好まれた。それは、フランスの画家に憧れ、その影響を強く受けた多くの日本人画家にはないものだった。

原田は一九四二年一〇月に独日協会での個展を終えた後も、一一月上旬までベルリンに残った。ニュルンベルク、ハイデルベルク、アルザスを訪れてから、住まいのあるパリへ戻った。

原田夫妻は一九四四年八月末のパリ解放直後にフランス国内軍に捕らえられ、先に釈放された妻ベルトが夫梨白の身を案じて、友人たちに電話で助けを求めていたことは前に触れた。その後の経過は不明だが、一一月末に再び軍事保安本部に捕まり、オスマン大通りの留置所に入れられている(28)。その後、いつ釈放されたのかはわからない。しかし、翌年六月の行政収容措置の対象からはなぜか外れた。盗聴されていた電話の内容を思い出してみる。ベルト・原田が電話で助けを求めたシボールは、ポール・クローデルの娘だ。「マリア・シボール」は音楽家として使用していた名前であり、本名はルイーズ・ヴェッチといった。

原田をクローデルと『都々逸』の版元であるガリマール社のガストン・ガリマールに紹介したのは、他ならぬルイーズ・ヴェッチで、一九四三年のことだった。日本人の行政収容が行われた前の月の一九四五年五月に『都々逸』が出版されたのは偶然かもしれないが、原田はクローデルやその周辺の人物との知己を得ていたことで、行政収容を免れたのではないかと考えたくなってしまう。だがこれを裏づける決定的な史料は見ていない。

原田はその後もしばらくはパリにいたようだ。一九四九年、舞踏家エレーヌ・ジュグラリスがパリで能『羽衣』を上演する際、パリ音楽院の学生との歌の稽古への立ち会いや、小道具の貸し出しを行うことで協力した。ギメ東洋美術館での初演を、原田はクローデルと共に鑑賞した(29)。

一九五〇年前後には、フランスで多くの店舗を展開するワイン販売店ニコラの商品カタログの挿絵を手がけたり(30)、雑誌『レアリテ』に掲載された茶道についてのフランス人によるエッセイに日本庭園とお茶を点てる日本髪の女性を描いたりした[31]。一九五一年頃、原田はパリを離れ、妻ベルトの実家のあるアルザス地方へ移った[32]。ドイツに併合されていたアルザス地方はフランスに復帰していた。アルザス地方の町エルシュタインで開いた個展では『都々逸』も展示し、これに際してポール・クローデルに感謝の手紙を送った[33]。原田はこの手紙の中で、健康状態は悪く、右半身は麻痺していると述べた。ちなみに原田自身は左利きなのだそうだ。

原田と平賀。同じ国にいても、この二人の日本人が顔を合わせることは、もうなかっただろう。数年間、半身不随で苦しんだ原田梨白は、一九五四年一〇月一九日に死去した[34]。一九五六年にはアルザス地方のコルマールのギャラリーで回顧展[35]、一九六六年には同じくアルザス地方の中心都市ストラスブールの美術館で個展が開かれた。約五〇点の作品はすべて、妻のベルト・原田から貸し出された[36]。

原田が亡くなった一九五四年、平賀亀祐はフランスより勲章を授与され、翌年日本に帰国した。一六歳でアメリカへ三重県開拓移民として渡って以来の五〇年ぶりの帰国だった。一九七〇年に自伝『一本の釘』を出版するが、次の年にパリの自宅で永眠した。二〇一一年には平賀が生まれた片田村からほど近い三重県志摩市大王町に平賀亀祐記念館がつくられ、遺品や絵画作品が展示されている。自伝において明らかにしていた自身の美術館を故郷につくる夢が、平賀の作品に魅せられた地元の人たちによって実現した。

第9章 神戸で抵抗したフランス人技師
――「人間の限界は、通常の生活で想定されうるものよりも上にあるのだ」

日本語のレターヘッド

フランス外務省外交史料館の閲覧室でのことだ。

便箋上部に印刷されたカタカナ書きの名前と「神戸市北野町」という住所が、アルファベットばかりの文書を見続けて疲れていた目に飛び込んできた。

便箋の主はマルセル・ペルランだ。ペルランは戦時中に神戸でスパイ容疑で逮捕され、憲兵に日常的に暴行を受けていたことで下半身に障害が残った。フランスに帰国後、損害賠償の手続きのためにその便箋を使ったのだ。

陸軍事務所の運転手だった石田新吾のように在仏日本人が監視され、収容について議論がなされている間、日本に住むフランス人たちも憲兵によって厳格な監視の目に晒され、一部では暴力が振るわれた。フランスはこの事態を深く案じていた。一九四五年四月にフランス臨時政府では、仏領インドシナにいるフランス人に対して国際法違反となる行為を行わぬよう、日本政府に向けて警告文を出すことが検討されていたほどだ。(1) インドシナや日本に住むフランス人への日本政府の高圧的な態度は、翻って、フランスに居住していた日本人の境遇を定義し直す契機となったと考えられる。結果として、遠く離れた国にいる双方の国民が、インドシナでの日仏関係の悪化という自分たちのあずかり知らぬ状況が影響して収容されることになった。フランスにいた日本人についてはこれまで何章も費やして書いてきたが、日本にいたフランス人のことにも触れておく必要があるだろう。

ペルランの住んだ神戸市北野町は、古くから日本人と外国人が同居する雑居地として発展してきた異国情緒のある場所として知られている。洋館がいくつか保存され、内部の見学が可能なものもある。北野町の観光案内所でペルランのことを聞くのも筋違いな気がしたが、せっかく来たのでカウンターにいたガイドの男性に話してみた。一介の観光客に対して、男性はとても親身になってくれた。神戸港の開港と共に発展した北野町に関する研究成果がまとめられた冊子を教えてくれたり、ペルランのレターヘッドにあった住所を住宅地図で確認してくれたりした。この町のことならどんなことでも教えてくれるし、未知のことがあればどんなことでも吸収したいという積極性を感じた。

このガイドの男性によれば、明治時代に暮らした「異人さん」関係の話に比べると、昭和の時代の話は少ないそうだ。昭和の前半、北野町に住む外国人も憲兵の厳しい措置から免れられなかった。ペルランのケースもその土地の歴史の一つとして記憶されるべきこととして加えてもらえたらと思う。

日本におけるフランス人収容

フランス人コミュニティは、中国や仏領インドシナほど大きくないものの、日本でも各地に形成された。フランス共和国臨時政府が危惧していたのは、人数が圧倒的に多い、大陸に住むフランス人の待遇の悪化だったが、日本に住むフランス人の運命にも気を揉んでいたのは確かだ。

東京には大使館、横浜と神戸の二カ所には領事館が置かれていた。一九四〇年五月に作成された連絡先名簿を手がかりに見てみる。

当時、最も多くのフランス人が住んでいた街は神戸だ。名簿には、帝国酸素、フランス郵船、貿易会社の駐在員の名前が三〇ほど並ぶ。フランスの保護領であったモロッコ、チュニジア、シリア、レバノンの出身者七〇名以上の名前も続いている。アラブ人の姓やアラブらしいネーミングの会社が見受けられることからして、神戸港の港湾労働者ではなく、貿易商などだったのではないかと思われる。

次に多かったのは横浜だ。住所は旧外国人居留地の山下町や根岸付近が多く、フランス郵船や貿易会社の駐在員が住んでいた。東京には、日仏銀行の銀行員、貿易会社の経営者や職員、通信社の記者、京都には関西日仏学館の関係者の記載があり、長崎には日本人未亡人が目立つ。

キリスト教の布教のためにやってきた人たちも多くいた。神戸、大阪、福岡に所在したカトリック修道会には四〇名程度の修道士が属した。さらに、約四〇名の修道女が、神戸、大阪、京都、熊本、長崎、福岡などの広い範囲で慈善活動に励んだ。学校や病院を設立し、貧者や孤児の世話や癩病患者の診療などに取り組んだ。

フランス大使館が一九四〇年に作成した連絡先名簿には、日本国内の主要都市にいる者として二二〇名ほどの記載がある。(2) ただし、家族は含まれていないようだ。一方で、同じ年の日本側の資料では、各都府県に居住していたフランス人の合計は、五〇三名となっている。(3)

一九四一年一二月八日の真珠湾攻撃と同時に、日本ではアメリカ、イギリス、カナダなど連合国出身の外国人の逮捕が始まった。「敵国人抑留」について調査した小宮まゆみによれば、抑留は四期に分けられる。抑留対象を連合国の成人男子とした開戦から一九四二年八月の第一期、女性宣教師や修道女に抑留対象を拡げた一九四三年九月までの第二期、連合軍に降伏したイタリアが枢軸国を離脱し、イタリア人が抑留対象となった一九四三年一〇月から一九四五年初めの第三期、最後にヴィシー政権がフランスを追われ、ナチ・ドイツが連合軍に降伏してからフランス人やドイツ人も対象となった終戦までの第四期である。(4) 北海道から九州まで、短期間で閉鎖、統合されたものも含めると、五一カ所の抑留所が開設されたようだ。(5)

また、日本と連合国との間で三度の外交官や民間人の交換が実施された。一九四二年六月の第一次日米交換船、同年七月の日英交換船、翌年九月の第二次日米交換船だ。これで国内の交戦国外国人の数は減った。

第一期の抑留対象者は、敵国人中、軍籍のある者や一八歳から四五歳までの男子などという基準が設けられていた。しかし実際には女性や年齢の上限を超えている男性も拘留された場所もあるとされている。この他に、大使館内や領事館内に軟禁された人や、スパイ容疑などで、七〇〇名あまりの外国人が第一期に捕まったという。(6)

開戦時にフランス人は、国籍だけをもってただちに「敵性外国人」に含まれることはなかったが、一斉に逮捕された外国人の中には、数人のフランス人が混じっていた。フランス外務省外交史料館で閲覧した史料からは、戦時を通じて「スパイ容疑」で拘束されたフランス人をめぐって東京のフランス大使館とフランス本国の外務省との間でやりとりがあったことが読み取れる。

在日フランス人の中で最も早い段階で捕らえられ、長い期間自由を奪われていたのは、フランス郵船の神戸駐在員であったガブリエル・バルベだ。一九四一年七月に離日準備をしていたところを国防保安法違反の嫌疑により逮捕され、一二月には禁錮三年を宣告された。収監された堺の刑務所から釈放されたのは一九四五年四月だった。それからドゴール将軍の日本における代理人となった[7]。

フランスでは、ドゴール派レジスタンスの活動が身を危険に晒した上で行われたことは知られているが、日本においてもドゴール派という容疑は逮捕の理由となりえた。例えば、ドイツに併合されていたアルザス地方からの水酸化カリウムやモロッコからのリン鉱石の日本への輸入を手がけていた貿易商、横浜に住んでいた実業家、インドシナ銀行の日本支店長、神戸の帝国酸素の駐在員が逮捕されたのは、ドゴール派との繋がりを疑われたためだった。

日本は、英米寄りのドゴール派の支持者とみなした国内のフランス人の動向を注視し、その行動によっては身柄を拘束していたようだ。その一方で、ヴィシー政府からドゴール派を捕まえるよう要請があったとの形跡は文書には見つからない。むしろヴィシー政府は、彼らのような自国民の逮捕は不当なもので、釈放するよう、大使館を通じて日本外務省に働きかけている[8]。

在日フランス大使館では、一九四三年一一月に駐日大使のシャルル・アルセーヌ゠アンリが在任中に急死して、ギイ・ファンが臨時代理大使を務めていた。ヴィシー政府の首相ラヴァルは、アンリ・コムが新大使として着任することで、日本政府が寛大な措置をとってくれることを期待していた。一九四四年六月、日本側にこのことが伝えられた[9]。

このように、在日フランス人は「友好国」の出身者なのに、米英との開戦当初から、スパイの嫌疑をかけられた何名かは捕まり、塀の中に閉じこめられていた。パリ解放後、アメリカ軍はパリに住む日本人が自由にしていることに不満を示していたが、アメリカ軍の言う通りにフランス国内で日本人を捕らえるとなると、より多くの在日フランス人に危害が及ぶのではないか、とフランスは憂慮していた。

フランスは日本を刺激しないように努めていた。動いたのは日本だった。

インドシナにおける明号作戦(第7章参照)は、日本国内にいたフランス人に影響を及ぼした。ヴィシー政権の消滅により、フランスの在外公館は「ジクマリンゲン政府委員会」の管理下に置かれることとなった。大使を名乗れなくなったコムはその「委員会」の代表となっていたが、明号作戦を機に日本外務省に呼び出され代表としての活動を止めるよう求められた(10)。本土決戦に備え外国人を管理するという理由で、関東の外国人は箱根と軽井沢に集められた。フランス大使館職員も軽井沢に移った。

一九四五年三月の明号作戦後、横浜、京都、神戸において、少なくとも五人のフランス人が逮捕された。かつて何百人もの英米他の連合国の民間人を収容した頃と比較すると、逮捕者は少数にとどまったものの、扱いはひどく非人道的なものだった。日常的に拷問を受けたことで、彼らは釈放されたときには著しく衰弱していた(11)。

不屈の抵抗者

このときに逮捕され、約五カ月間抑留されたマルセル・ペルランは、その経験を報告書にまとめた(12)。報告書の執筆は、終戦直後、実態把握のためフランス領事に書くことを勧められたのだ。

ペルランは、アルコール蒸留機の技師として一九三七年に妻と三歳の娘と共に来日した。専門分野が異なるフランス人技師数人も一緒だった。ペルランが所属していたのは、フランス中西部を拠点とするメル社だ。メル社は当時、アルコール蒸留の分野で最先端の技術をもっていた。

ペルランの自宅と事務所は神戸にあったが、派遣先は、とある大阪の工場だった。当初、滞在は二年間を予定していた。しかし、滞在は長引き、日米開戦後は帰国手段がなくなり、日本に足止めされた。戦時中を日本で過ごしていたところ、一九四五年三月二六日、一〇名ほどの平服の憲兵が自宅に押し入ってきて、ペルランは捕らえられた。手錠をはめられて駅まで歩き、列車とタクシーを乗り継いで連れて行かれた先は、大阪御堂筋のイトマンビルにあった憲兵隊の外事課だった。

逮捕の予兆はあった。工場でペルランの通訳を務めていたススミという日本人の姿がその二日前に見えなくなっていた。

外事課では、シミズという通訳を介して取り調べを受けた。日付が変わる頃、月明かりの下、手錠をはめられたまま憲兵に付き添われ、三〇分歩かされ、憲兵隊本部へと移動した。衣服という衣服は剝ぎ取られ、身体を隅々まで調べられた。そして、「ブタバコ」に入れられた。ペルランにあてがわれたのは四番の房だったが、すでに囚人でいっぱいになっている一番と二番の房の前を通りながら、工場の通訳ススミと、同僚であったポルトガル人の混血の若い技工が、それぞれ入れられているのを認めた。

房には粗末な畳が敷かれ、壁の板の継ぎ目には「ナンキンムシ」が巣食っていた。洗面する設備はなかった。一日中、正座したまま背筋を頭まで一直線に伸ばし、視線は真っ直ぐ、両手は膝の上に置くという姿勢が強要された。この基本姿勢は「スワリ」と呼ばれていた。一日三度の食事は、茶碗に小盛りの飯に、野菜が一切れ添えられただけのものだった。食事の際には「儀式」が強要された。箸を取る前に、茶碗を両手で持ち上げながらお辞儀をし、日本語で「イタダキマス」、食事が終わると「イタダキマシタ」と叫ばなければならなかった。就寝前にも全方向に万歳をするという「儀式」があった。しかしペルランはどんなに注意を受けても、これらの「儀式」を頑なに拒否したという。

取り調べでは、八年前に来日してからの出来事を英語で事細かに説明させられた。会社の統合や工場の新設により、ペルランの状況は変化した。日本における最初のパートナーとは物別れになるなど、立場は次第に微妙なものとなった。だが、派遣元のメル社の技術提供に関する情報については、何事にもフランスからの指示なしでは話せないという方針を貫いた。ペルランの慎重な態度は、周囲の人間には日本に協力する意思がないともとれるものだった。この間ペルランはずっと、通訳のシミズがでたらめを伝えているような気がしてならなかった。

ペルランの説明には信憑性がないとして、取り調べ担当のワダからは嘘つき、スパイ呼ばわりされた。一九四五年四月二〇日頃のことだ。

そしてワダによる竹刀での殴打が始まった。六月一〇日までの間は拷問の日々で、「人間の限界は、通常の生活で想定されうるものよりも上にあるのだ」と、しまいには考えるようになった。あまたの問いに対して説明を課された。日本が戦争に負けると言ったか。アメリカ軍が日本に上陸するだろうと言ったか。日本のガソリンの量をフランスに伝えたか。反ヴィシーでドゴール派だというのは本当か。権限がないのにどうやって社内の機密情報を得たのか。フランスのメル社とアメリカやブラジルの取引先とはいかなる関係にあるか。ペルランの行動に関する事実関係が書かれた文書に署名をしないと暴力を加えられたが、ペルランはそれをつっぱねた。竹刀や棍棒による殴打、「ジュウジュツ（柔術）」、さらには椅子の上で「スワリ」をやらされ、その椅子から突き落とされるなど「スワリ」から発展した種々の責め苦、磔刑、吊り下げ、憲兵隊の女性事務員たちの前での辱め、模擬死刑執行。

そのうち、空襲警報が毎日鳴るようになった。六月はじめにはペルランの事務所や自宅が空襲で破壊され、家族の消息はわからないと憲兵に聞かされた。しかし次は自分が巻き込まれるかもしれない空襲は、ペルランにとっては日本の敗戦を感じさせる希望だった。

ある夜、房の中で寝ていたペルランに、一九歳の海軍からの脱走兵がすり寄って来た。この脱走兵は、近々軍法会議にかけられることになっていた。

「米軍の八個師団が沖縄に上陸し、日本はそのうち灰燼に帰すことになる」と、その脱走兵はペルランに耳打ちし、こう言い残した。

「俺が斬首されなかったら、フランス、パリに連れて行ってくれ。あそこには自由があって、フライドポテトを添えたビフテキや、カフェオレにあつあつのクロワッサンなんかも食べられるんだろ」

一九四五年六月一六日、ペルランは、「検察官の所」に行くことを伝えられ、署名をさせられた。下級将校相当の食事を与えられ、洗面を許された。ペルランにとっては「天国のような一日」だった。多くの者が音を上げる中、拷問に耐えたことを労《ねぎら》われた。右と左に憲兵を従えて、大阪地方裁判所まで徒歩で移動した。一〇メートル後ろには、自分の二日前に逮捕された通訳のススミが、同じように歩いていた。

新たに入れられたのは独房で、洗面用の甕や陶器製の「ベンジョ」が設置され、それを隠す衝立までも備え付けられていた。布団にはダニがいたが、環境はかなり改善された。

憲兵隊でつくられた資料に沿って、会社の契約、機密情報の入手方法、フランスへ送った電報の内容、フランス人部下との会話など、検察官に説明させられた。通訳は、憲兵隊の留置所にいた時分から信頼のおけなかったシミズが引き続き担当し、拷問を加えていた憲兵ワダが頻繁に覗きに来た。

六月から続いていた空襲が、急に止んだのは八月九日だった。一五日に玉音放送を独房の見張り役が聞いていたが、音質が悪く見張り役も内容を聞き取れなかった。一六日に、妻からの差し入れのサンドウィッチが急に豪華になった。一カ月前からこの差し入れは行われていたが、巧妙に具が削り取られていたことがわかった。隣の独房にいたアメリカで勤務経験のある日本人技師が「日本政府はアメリカに負けた。それ以上は言えない」とだけ英語で教えてくれた。

八月二〇日、夕方になって急に、数分で独房を片付けるように言われた。それからあれこれと手続きに二時間を費やした。ゆっくりと扉が開き、在神戸のフランス領事と、領事館が依頼した日本人弁護士と対面した。二人はペルランを迎えに来てくれたのだった。この弁護士、宇佐美六郎は、極東国際軍事裁判の弁護団の一員となる人物だ。ペルランは釈放され、家族が疎開していた須磨区塩屋に戻ることができた。四日後に裁判を受けることになっていた。この釈放は、フランス大使館の依頼により、スイス公使が介入して勝ち取られたものだった。このとき、ペルランを含めて、横浜と神戸に収監されていたフランス人七名の釈放が求められた。[13]

八月二四日の法廷は一一時に開廷した。検察側は、ペルランのケースを戦争が予期せず終わったことで十分に検討できなかったと申し開きをしながら、国防保安法第九条の外国に利益を与うる噂を流布させた罪を犯したとして、執行猶予付き一年以上の禁錮刑を求めた。続いて弁護側は、すべては密室で私的な場で行われたことであり、噂の流布にはあたらず国防保安法第九条を援用することはできないとした。裁判長は検察の主張を退け、ペルランは自由の身となった。

ペルランは、衰弱状態から回復するには二年はかかり、それでも元の健康状態には戻れないかもしれないと医師に言われた。脚気になったことで、神経症になり、仕事に復帰することも難しいという。ペルランはフランスの派遣元であるメル社と自分に対する日本政府による公式謝罪、金銭による賠償などを訴えた。

九月後半、弁護士が憲兵隊の新しい大佐と連れ立って、「燃えた」と聞かされていた関係資料を、不完全な形ではあったが、塩屋の住まいに持ってきた。主にペルランの自宅や会社から押収されたものだったが、ペルランの案件に直接関係のないものも紛れ込んでいた。関西地方に住む外国人についての資料や憲兵の外事課の職員名簿やペルランの隣の房にいたアメリカ人の資料などだ。憲兵の職員名簿にはペルランに関わった者の名前が記載されていた。拷問を加えた上級曹長と曹長二名ずつ、担当だった通訳、大尉に下線を引いて、米軍の対敵諜報部隊（ＣＩＣ）と連合軍最高司令官総司令部（ＧＨＱ）に提出した。

フランスに帰国できたのは、大阪の留置所を出てから一年後だ。一九四六年八月末、家族と共にボルドー港に降り立った。

ペルランはフランス外務省に何通も手紙を書き、自分の受けた被害を訴えた。帰国後しばらくはフランス各地のホテルを転々としていたようだ。

マルセル・ペルランの日本での不屈の態度は称えられ、フランス政府からレジスタンス勲章が授与された。レジスタンス勲章は、フランス国内、植民地、外国にかかわらず、傑出したレジスタンス行為を認めるべく、ドゴールがロンドンにいた頃に創設を考案した勲章だ。一九四七年末までに約六万五〇〇〇人に授与された。ペルランに贈られたのは、より高位のロゼット付きのものだった(14)。

第10章 アメリカの保養地で抑留された一団
――「実によい待遇」

温泉郷

レンタカー屋であてがわれたのは日産の白いセダンだった。宿泊予定のホテルを目指して一路やってきたが、二〇時を回ってしまった。年末の田舎町では、目抜き通りの両側の商店はすべて閉まっていた。だが、それぞれの店先にはこだわったクリスマス飾りがそのままになっていて、イルミネーションが控えめに灯っていた。ただそれだけで、いいところに来た感じがしてくる。

目抜き通りの途中で右に曲がると店舗も民家もなくなり、にわかに真っ暗な細い道になってしまった。今夜の宿泊先の案内板が前方に出てきたら、絶対に見逃してはならない。そう気合を入れたところで案外すぐにそれは出現した。

「この先を左にお曲がりください」

森の入口のような所を左に入ってすぐ、小橋を越えた。水が流れる音がした。気温が一段階下がったのを、車内にいても感じた。暗すぎて視界が狭くなり、すぐ前の路面しか見ていなかった。顔を上げると、別世界だった。

ひらけたところに、青白い光を放つ巨大な建物があった。商店街のイルミネーションとは次元が違う。キラキラのカーテンをまとった建物はずっと奥の方まで続いている。その長さは、昔通ったマンモス小学校の校舎くらいはあるように思えた(図10-1)。

ここは温泉郷。といっても、日本ではなく、アメリカ、ペンシルベニア州にあるベッドフォード・スプリングズ・ホテルという名の温泉保養施設である。

図10-1　ベッドフォード・スプリングズ・ホテル全景（2019年1月，筆者撮影）

チェックインを済ませ、部屋に荷物を置いた。部屋にたどり着く前に室内の温泉プールの横を通った。プールはガラス張りになっていて中の様子が窺えた。

プールサイドのリクライニングチェアで寝そべっていた、バスローブをまとった白人男性がおもむろに立ち上がり、ドアから出てきて、そのまま部屋に帰っていった。そこではバスローブは温泉旅館の浴衣と同じような機能を果たしていた。

二一時の閉店間際に駆け込むようにして、売店に入った。刺繍やらレースやらがほどこされた、かわいらしい品物が並べられている。売られているものの趣味とあまり合わない、都会的で洗練された女性が会計台にいた。

濃いブロンドの髪を後頭部にボリュームを持たせて首の付け根でまとめている。着せ替え人形のようにクリッとした目に、密度の高い睫毛が影をつくっていた。

「このホテルの歴史についての本はありますか」

「ありますよ。こちらへどうぞ」

と女性は言って、『ベッドフォード・スプリングズ』という映画のパンフレットのような冊子を案内してくれた。

会計をしながら女性はこう言った。

「どうしてこのホテルに来られたんですか」

「昔日本人がこちらに収容されていたと知ったので」

「戦時中のことですね」

レジの女性はこのホテルで働くために、最近ニューヨークから引っ越してきたという。垢抜けているわけだ。日本人がここに収容されていたことは、来たばかりのその女性にも知られていた。

米軍に捕らえられる

第3章で触れた、フランスなどの欧州各地からベルリンに避難してきた日本人の情報を記録した「在独邦人一覧表」のおよそ半分は、ドイツからソ連経由で満洲国まで「帰国」した人たちである。残り半分はベルリンの日本大使館関係者が中心だった。この中にはラジオ番組『ニッポン』の制作にかかわっていたとされる前田陽一など、鉄道なり自動車なりでパリやヴィシーから逃れてきた人びとも含まれていた。この一団が避難した場所にやってきたのは、米軍だ。一団が日本へ帰り着くまでの足取りをたどってみたい。

一九四五年四月上旬、駐独日本大使大島浩は、ドイツ外務省儀典長から、ベルリンへの敵軍の攻撃に備えて、そのうちドイツ政府が南ドイツへ移動する可能性があるため、日本大使館館員と家族はすぐにでも南ドイツへ移動するようにとの要請を受けた。

南ドイツのバイエルン州ベルヒテスガーデン近郊オーバーザルツベルクには、ナチ党が買い取った敷地に政府機関が建造され、それまで権力の第二の中枢として機能していた。大島の秘書を務めていた新関欽哉の回想によると、もともと大島は「外交団は任国の政府とあくまで行動を共にすべきである」と主張していた。ところがリッベントロップ外相から大島へ直接電話があり、「政府はもう暫く様子をみたうえで南ドイツに移転することにきめている」と伝えてきたため、大島は日本大使館の移転を決定した。四月半ば、日本大使館関係者はベルリンで任務のある人員のみを残して自動車でベルリンを去った。目的地は、現在はオーストリアの温泉地バート・ガスタインだった(1)。そこにはすでに一部の日本人外交官と家族が避難していた。

しかし、ドイツ政府のベルリンから南ドイツへの移動は結局行われなかった。ヒトラーはベルリンの総統地下壕で自殺した。一九四五年五月二日にベルリンがソ連軍により陥落し、数日後ドイツは降伏した。降伏文書は二度調印された。五月七日、連合国派遣軍最高司令部が置かれていたフランス、シャンパーニュ地方ランスにおいて、そして翌日、ソ連軍司令部が置かれていたベルリンのカールスホルストにおいてだ。

米軍がバート・ガスタインに進駐してきた。五月一六日には連合軍の日本人課の担当者が調査を開始した。それ以前にもバート・ガスタインに「多くの日本人外交官」がいるとの報告はされていた。しかし、一部の者が所持していたのは「外交」と記されたり、印が押されたりした一般旅券で、ドイツ外務省により発行される外交官身分証は携帯していなかった。集団の全員が外交特権で守られるよう目論んでとられた措置であるのは米軍側には明らかだった。ドイツ外務省の記録を頼りに、本物の外交官とそうでない者を区別する作業が進められた。(2)

米軍が町に到着したとき、日本人はバート・ガスタインの六棟のホテルに滞在していた。その後、グループに分けて宿舎に再配置させた。宿泊先として、バート・ガスタインのホテル・ゼントゲン、ホテル・ハウス・ヒルト、ザルツブルク近郊のザンクト・ギルゲン・アム・ヴォルフガングゼーのガストホーフ・ラデツキー、ノイマルクト・アム・ヴァラーゼーのシュトラント・ホテルが使われた。(3)なるべく早くこれらの日本人をアメリカ本国に移送し、日本の手にあるアメリカ人の捕虜との交換に使うことが検討された。太平洋上では戦争が続いていた。アメリカへの移送は二組に分けて実行された。

一組目は大使の大島ら高官を含む約三〇名だった。七月初め、ザルツブルクからフランス北西部ル・アーヴルまで飛行機で運ばれ、輸送船ウエスト・ポイント号でアメリカに送られた。

二組目は、七月後半にル・アーヴル近郊の村ボルベックに到着した。日本と同盟を組み同じく敵国人とみなされていたタイの外交官も一緒だった。ボルベックには米軍が管理するドイツ人捕虜収容所があった。しかし、結局は「外交官」として扱われることになったのか、収容されたのは捕虜収容所ではなく、フェカン近郊の城館だったようだ。

日本人が収容されている場所に、フランスにおける日本の利益保護を行っていたパリのスイス公使館からも担当者が来訪した。この担当者がパリに戻ってからは、ル・アーヴルのスイス領事が仕事を引き継いだ。

パリのスイス公使館が現地から受けた報告によると、城館に滞在していたある日本人外交官は「グループ全体で実によい待遇を受け、食事はすばらしかった」と話していた。アメリカへの移送に使われる船はアメリカ人兵士の帰還にも使用されたことがあり、その船室の中もスイス領事によって確認された。「船室の状態は申し分なく、仕切られた個別の空間」が確保されていた。(4)

一九四五年八月四日、日本人とタイ人約一五〇名を乗せたサンタ・ローザ号が、ル・アーヴル港をアメリカに向けて出航した。出航から一週間でニューヨーク港に着いた。

ホテルの選定

ヨーロッパで捕らえた日本人をアメリカ本国で収容する件については、米軍がバート・ガスタインに進駐してきて日本人に最初に接触した頃から検討されていた。アメリカ国内の複数のホテルが候補として挙がった。現地で調査が行われた。

次のような点がチェックされた。十分な部屋数。大規模な改修が必要でないこと。体を動かせる場所の有無。町外れか田舎などの周囲からは隔絶された立地。四、五カ月、長ければ一年くらいの期間での占有の可能性。一人一日当たりの料金での精算が可能か。リネン類や水回りなどの設備が整い清潔であること。ホテルの敷地は安全の観点から植込みで四方が覆われておらず、ひらけていること。(5)

ぼろぼろで大改修が必要だとか、立地が住宅街で適さないだとか、ホテル自体は良いが併設のゴルフ場の経営者が異なるため該当期間に営業休止が困難な見込みであるなどの理由から候補は絞られ、日本人の収容場所として最終的に一つのホテルが選定された(6)。

米国国務省が契約を交わしたのは、北東部ペンシルベニア州にあるベッドフォード・スプリングズ・ホテルだった。確かにベッドフォードの商業地域や住宅地域とは林で隔てられ、条件に合っていた。

ワシントンDCからは自動車で三時間ほどで着く。国務省から担当官が定期的に様子を確認しに行くためのこの利便性も評価された。

難病も治癒すると信じられた水が湧く地に作られたベッドフォード・スプリングズ・ホテルは、一九世紀に誕生した由緒あるリゾートホテルだ。ゴルフ場も併設されている。

第二次世界大戦中にはキーストーン海軍無線訓練学校の校舎として使われ、白いセーラーカラーの水兵で賑わった。この学校の閉鎖から八カ月後、ヨーロッパで捕らえられた日本人外交官と家族が連れてこられた(7)。

地元ではたちまち「ジャップ」の収容予定が噂されるようになった。地元紙の記者が情報を得ようと、ワシントンDCからベッドフォードに来ている担当官を取材しに訪れることもあった。当時、ホテルはそれほど状態が良いわけではなかった。それでも住民はこのホテルを、地元の遺産とみなしており、そこが日本人の収容所として使用されることに反対する雰囲気があった。住民の間では抑留される日本人がホテル宿泊者のようにゴルフ三昧で、屋内プールで遊び、優雅に食事をとり、裏山を散策する想像が巡らされた。

ワシントンＤＣの国務省はこの状況を案じて、少しでも住民の理解が得られるように報道関係者に向けて声明を出した。

報道関係者各位
一九四五年六月二五日
第五一八号
国務省は、ペンシルベニア州ベッドフォードに所在するベッドフォード・スプリングズ・ホテルの所有者たちと、ドイツで拘束した日本人外交官及び領事並びにそれらの随員一三二名の集団を同ホテル内の敷地に収容する段取りを整えました。この集団の抑留は、日本政府との間で、そして日本と交戦中の我々の同盟国との間で彼らの交換のための調整が成立するまで続く見込みです。当然のことながら、日本と交戦中の我々の同盟国も、ドイツで拘束したすべての日本人官吏に対して共通の利害があるからです。
日本人の集団の第一陣が到着するのは、七月初旬の予定です。(8)

こうして日本人の受け入れ準備は進められた。

日本人の到着と出発

大島大使ら第一陣がベッドフォード・スプリングズ・ホテルに到着したのは、予定されていた七月初旬には間に合わず、八月に入ってからだった。

サンタ・ローザ号で着いた第二陣は、一四七名の日本人と一一名のタイ人で構成された。ニューヨークのスターテン島に停泊したサンタ・ローザ号を降り、米国務省の担当官に迎えられ、エリス島での入国審査と税関の手続きに進んだ。

同じ船に乗っていたタイ人一行は、別の担当官に連れられて日本人一行とは分離し、マンハッタンのペンシルベニアホテルへ特別バスで向かった。ワシントンDCのタイ公使館から来ている書記官にそこで引き渡されることになっていた(9)。

日本人は到着翌朝の六時に集合させられ、巡視船で埠頭へ運ばれた。それから特別列車でカンバーランド駅まで運ばれた。カンバーランド駅は、ベッドフォードの最寄りの駅だ。カンバーランド駅からベッドフォード・スプリングズ・ホテルまでは、バスで移送された。

日本人の他にベルリンの日本大使館と陸軍事務所で勤務していたドイツ人職員も、はるばる同じ場所まで連れてこられたことが抑留者名簿で確認できる(10)。

抑留者には一三段階の等級が付けられ、部屋や家具や備品が割り当てられたとみられる。一等級の夫妻はスイートルーム、五等級までの男性は一人部屋だが、六等級から一三等級はほとんど相部屋にされたようだ(11)。

食事に関しては、担当者から内容が良すぎることが指摘され、食事の質を移民局で出されるものと同じ程度まで下げることを、日本人に気づかれずに行うよう指示があった[12]。抑留者は労働を課されるわけでもなく、読書をするなど、時間は思い思いに使えたようだ。

日本人が到着する前に沸き立っていたベッドフォードの住民の不満や怒りは、日本人が到着してからもくすぶっていた。ホテルの従業員は陰口を叩かれた。国務省は、住民に対し、ジュネーブ条約に基づいた対応であり、捕虜を保護する目的は日本の手にあるアメリカの捕虜との交換であることを説明し、理解を得ようとした。

実際は、住民の想像に反して日本人はゴルフもできなければプールも使えなかった。食事はメインダイニングルームではなく、カフェテリアで提供された。酒類は出されなかった。日本人がホテル内で足を踏み入れることができたエリアは限られていた。

夏に戦争が終わり、結局捕虜との交換は行われなかった。一九四五年一一月二〇日に米西海岸シアトルから出航する船に合わせ、特別列車が出航の四日前にカンバーランド駅を出発し、西海岸へ向かうという手筈が整えられた[13]。

一二月六日、船客たちは久里浜に上陸した。

第11章 マルセイユ、去った人と残った人
——「我々は日本の外交官だ、保護してくれ!」

スペインを目指した領事一行

かつて神戸や横浜から海路でフランスに渡った日本人にとって、その玄関口はマルセイユだった。マルセイユは労働者と社会主義者が伝統的に強い街だった。開放的な雰囲気は、港から流れ着く多くの難民や引き揚げてきた軍人を受容してきた。このような人びとが中心になって、レジスタンス運動は始められ、次第に、フランス南部のレジスタンスの中心地の一つとなっていった。

一九四四年八月一五日、アルジェリア、イタリア、コルシカ島にいた連合軍の部隊が地中海を渡り、南仏のニースとトゥーロンの間からフランスに上陸した。ドイツ軍はノルマンディ方面に部隊を動かしていて、この地域は手薄になっていた。マルセイユは五月にアメリカ軍の大規模な空襲を受けていた。レジスタンスの蜂起や市街戦も予測されていた。

マルセイユには、パリ、ヴィシーに次いで日本人が多く住んでいたものの、パリでなされたような大きな集団での脱出は行われなかった。マルセイユの日本領事館職員の三人だけで脱出を決行し、この三人を除く全員は残る決断をした。パリの日本人の脱出とは独立した動きではあるが、フランスか

らの邦人脱出を締めくくる最後のケースとして付け加えておきたい。

在マルセイユ日本領事館では、高和博《たかわひろし》が一九三八年から領事代理を務め、その後領事に昇格した(1)。フランスの保護領であったモロッコのカサブランカ領事館の領事代理も兼ねていた。一九四二年一一月上旬、連合軍の北アフリカ上陸に直面し、カサブランカからモロッコ北部の街でスペインに併合されていたタンジェへの日本人住民脱出を敢行した(2)。一九四四年当時五〇歳で、マルセイユに単身赴任していた。

図11-1　末松正樹．ヴィラ・エスペランサの庭で．1944年頃か（香山マリエ氏提供）

末松正樹《すえまつまさき》は、一九三九年に舞踏家原田弘夫に同行して渡仏し、パリに住むようになった(図11-1)。語学力を買われ、一九四〇年からマルセイユの日本領事館で嘱託職員として勤務していた。三五歳だった。瀧安寿雄《たきやすとしお》は四〇歳、柔道家だった。高和は瀧安と共に、スポーツを奨励したヴィシー政権下につくられたスポーツの指導員と競技者を養成する機関に対して柔道導入の働きかけを行っていたことが明らかにされている(3)。

三人のマルセイユ脱出の経緯については、末松の娘、香山マリエさんによる伝記に詳しい。父親の残した断片的な、しかし多くのメモをもとに書かれたものだ。

高和は、連合軍のプロヴァンス上陸から二日経ってもマルセイユにとどまろうと言い張っていた。末松がこれを説き伏せ、自ら県庁に赴き通行証を手に入れた。領事館に戻ってからは、書類を焼く作業に追われた。マルセイユを発ったのは、一九四四年八月一八日未明だ。運転手は瀧安が務めた。目指したのはスペインだ。(4)領事の高和は定期的にヴィシーの日本大使館やパリへ出張に赴いていた。(5)大使館内では連合軍上陸の際の行動が検討されていたのかもしれない。高和たちのスペインへの脱出は、日本大使館に許可された動きだったのか、それとも現場での判断だったのか。

内戦で勝利を収めたフランコ政権下のスペインは、第二次世界大戦では中立を表明していた。内戦による人的被害は甚大で、政治体制の整備や、破壊された生活基盤や経済を復旧することが急を要する課題だったからだ。(6)

ピレネー山中の道を通って、内戦時代には多くの共和派がスペインからフランスに逃れてきた。ドイツによるフランス占領が始まってからは逆に、ユダヤ人、ドイツでの義務労働忌避者、将来的に自由フランスに加入することになる人びとなどが、フランスからスペインを目指した。このような逃亡者を助けるために、道案内、移動手段や宿の提供などを独自で始める人が現れ、それが次第にレジスタンスのネットワークとして機能するようになった。

同じようにフランスからスペインを目指した高和と末松と瀧安だが、闇のルートで行くつもりはなく、外交旅券で正式にスペインに入国しようとしていたはずだ。

日が昇る前にマルセイユを出た三人は、海岸から少し入った国道を三五〇キロ先のスペイン国境まで進む予定にしていた。英米機による爆撃は止むことなく続き、国道は瓦礫で塞がり、速度は出せない。二〇〇キロ地点のベジエに着いたのは日没後だった。この日はドイツ軍支配下のホテルに泊めてもらうことができた。しかしパンクした自動車の修理に一日かかり、ベジエを出発できたのは翌日の夕刻だった。

スペイン国境まであと三〇キロあまり、やっとのことでたどり着いたペルピニャンは、レジスタンスとドイツ軍との間で市街戦の只中だった。「我々は日本の外交官だ、保護してくれ！」とドイツ兵に訴えると、近くの家まで案内された。軒下には数人のドイツ兵の遺体が転がっていた。

三人はこの家から銃撃戦を眺めていた。そして隙をついて暗闇の中をあてもなく走った。家々のベルを鳴らしたが、どの家も扉を開けてくれなかった。どうにか扉の開いた人気のない家に忍び込み、廊下に身を潜めた。

パリからベルリンに向けて脱出した人びとと比べると、命がけの逃避行だったことがわかる。レジスタンスに襲われる不安や爆撃の脅威を通り越して、目の前で銃撃戦が行われ、火の粉が舞う中を逃げ惑った。

ペルピニャンはドイツ軍から解放された。

三人は翌朝、警察に出頭した。スペインまで行くことを諦めたのだ。乗ってきた自動車は奪われ、パスポートを含む貴重品も取り上げられた(7)。

末松の記憶では、三人が指定された詰所で待つ間、ドイツ人兵士、対独協力者、密告者などが連行されてくるたびに、「裏切り者！」と罵声が飛び、暴行が加えられた。末松たちも例外ではなかった。レジスタンス委員を名乗る男から「敵性国人として、おまえたちを捕虜とする！」と宣告され、ドイツ兵たちと留置所に入れられ、一晩を明かした。翌日、監獄として使われていた城塞《シタデル》に移された。

一三世紀から一四世紀にかけて、ペルピニャンと周辺のルシヨン地方は、地中海に浮かぶマヨルカ島を中心とした王国の領土だった。ペルピニャンは大陸側の首都となり繁栄した。マヨルカ王宮としてつくられたのが、現在の城塞だ。ペルピニャンの支配者は次々と変わり、一七世紀、フランス王の支配下に入った。このときに、マヨルカ王宮の周りには建築家ヴォーバンの手がけた星型要塞が築かれた。しかし、その要塞は、二〇世紀に都市計画のためほとんどが破壊されてしまった。

城塞に入れられた三人は、「対応した陸軍将校の計らいで特別に一室が与えられた」。だが、そこは水洗ではないトイレの真下で、臭気と湿気に悩まされた。捕虜収容所に移されるドイツ人はいても、フランス人対独協力者が次々と入ってきて、収監者は毎日増え続けた。二週間目からは裁判が行われた。たかを括っていた収容者が処刑や無期徒刑を言い渡され、「雰囲気は一変した」と末松は記憶する。(8)

城塞に収監されてから三週間が経った九月九日、三人は町の中心広場近くにあるオテル・ド・ラ・ペに移された。香山マリエさんは父親に成り代わり、このホテルについて描いている。

ド・ラ・ペはペルピニャンでも高級ホテルであるらしく、待遇は申し分なかった。食事、掃除、洗濯は行き届き、お茶も酒も煙草も許されている。暑い日には庭のプールで泳ぐこともできた。事情を知らない者には、金持ちの日本人がゆったり逗留しているように見えただろう。いまだシタデル〔城塞〕に捕らえられたままの人々を想うと、父は自分たちの幸運を感じずにはいられなかった。(9)

現在、ペルピニャンのその場所にある建物を外から見ても、そこがホテルだった形跡はない(図11−2)。しかし、すぐ隣のブティックで働く女性は、暑い日には泳ぐこともできたというプールは、今でも中庭にあると教えてくれた。

高和領事一行は三階の部屋をあてがわれ、二人の監視人が付けられた。城塞の劣悪な環境からは脱することができても、いつまで軟禁状態が続くのかは読めないのだった。

マルセイユに留まった日本人

スペイン国境を目指して出発した高和領事たちが、そこまでたどり着けずにペルピニャンで幽閉されていたとき、主人《あるじ》が逃げてしまった在マルセイユ日本領事館には、在留邦人が避難していた。一九四三年には賑やかな町の中心部にあった領事館は、このころには丘の上の静かな住宅街にあるヴィラ・エスペランサに移っていたようだ(10)。

図11−2　高和たち3人が軟禁されていた旧ホテル(2018年8月，筆者撮影)

当時、領事館の鍵は、マルセイユ日本人会会長を務める笠戸喜八《かさどきはち》によって管理されていたようだが、正確なことはわからない。笠戸は一八九四年に長崎県若松島で生まれた。海を渡り、アレクサンドリアやロンドンで商取引の経験を積み、二〇代前半、交易が盛んな港町マルセイユに商機を見出し腰を据えた。マルセイユでは寄港する日本船舶用の物資調達から始め、笠戸商会を起こした[11]。

マルセイユに来て数年で笠戸喜八は貿易商として現地で知られる存在になっていた。五〇歳になり、在仏歴は三〇年を迎えようとしていた笠戸喜八は、名誉領事のごとく、仕事の傍ら日頃からマルセイユを訪れた日本人の世話をしていた。とりわけ、十分な資金を持たない学生や芸術家の面倒をみており、留学生にはパリの国際大学都市の寄宿舎である日本館に入るための援助などもしていた[12]。

あいにく戦前のマルセイユに何人の日本人がいたのかを示す史料がなく、正確なことは把握できていないが、マルセイユからも、一九四〇年の帰国船で日本人は去り、数はかなり減っていたのではないだろうか。二〇名程度の日本人とその家族が住むのみだった。それでもマルセイユの日本人コミュニティは、あらゆる職種の人がいたパリや、政府関係者が多いヴィシーに次ぐ規模だった。

マルセイユに残留した一部の人びとは、爆撃や街路で繰り広げられた銃撃戦に巻き込まれぬよう高台にある塀に囲まれた領事館に引きこもっていたようだ。領事館の鍵を管理していたとされる笠戸喜八がマルセイユに残った日本人と共にいることは自然な行動であったに違いない。

マルセイユでは一九四四年三月から共産主義者たちが中心となった労働組合の地下組織が、活動を活発化させていた。六月にはフランス・アルプス山中や、マルセイユのあるブーシュ＝デュ＝ローヌ県の北部では、レジスタンス活動を行うマキが勢いづいていた。八月一五日には連合軍と共に上陸したド・ラットル将軍指揮下の部隊がトゥーロンとマルセイユに向かった。高和たちが街を後にした八月一八日に、労働者たちはゼネストに入り、蜂起に備えた。県庁は八月二一日にレジスタンス側の手に渡った。マルセイユでの戦闘は一週間続き、八月二八日、アルジェリアやモロッコ出身の兵士で構成される部隊の活躍もあり、街は解放された。

おそらく笠戸を含む日本人たちが避難していた丘の上の日本領事館にフランス国内軍が押し入ったのは、市街戦の最中、八月二二日から二四日の間だ。ここで少なくとも二人の日本人が拘束された。一人は一八九七年大阪生まれの多川格三《たがわかくぞう》だ。マルセイユにやってきたのは一九一四年だ。海運貨物を取り扱う会社で通訳者として勤務していた。日本が戦争状態に入ったことで勤務していた会社は業務を停止してしまい、暇を出された。マルセイユ日本人会では副会長を務めていた。日本に妻はいたが、フランス人女性との間に生まれた息子がいた。

もう一人は山中基継《もとつぐ》だ。一八九一年佐賀県生まれで、マルセイユには一九一五年から住んでいた。請け負っていた船荷の揚げ下ろしの仕事は、一年ほど前から悩まされていたリウマチのせいでできなくなっていた。それからはフランス人の妻がベビーシッターとして働き家計を支えていた(13)。

笠戸喜八がフランスに入国したのは第一次世界大戦が始まった一九一四年頃とされている。多川格三の来仏も一九一四年、山中基継も一九一五年であるから、この三人はほぼ同じ時期にフランスに住みはじめたことになる。

軍事保安本部がパリのナチ党支部で押収した書類をもとにつくった「帝国日本領事館を通じて追加の配給切符の配布を依頼していた日本人」の名簿には、マルセイユの日本人に関するものもあった。多川と山中の名前が確認できる。他にも貿易関係者、商人、職人、領事館関係者、家政婦などの名前が並んでいる(14)。

多川と山中は領事館で捕らえられ、マルセイユの東に位置するオバーニュ近郊の収容所に入れられた。[15]

マルセイユの邦人に関しては日本でも報道がなされた。読売新聞は「マルセーユの同胞無事」と邦人とフランス人家族の名前を列挙し、山中と多川の名前の後には「抑留中」と付いている。もう一人、佐藤という人物も抑留中であることが伝えられている。報道があった一九四五年二月の時点でまだ釈放されていないことからすると、半年以上収容されたままだったようだ。[16]

領事のあがき

マルセイユから逃げてきた領事館の高和博、末松正樹、瀧安寿雄の三人は、依然としてペルピニャンのオテル・ド・ラ・ペに幽閉されていた。

ソ連やアメリカの手中にある日本人が一〇〇名以上の大所帯だったのに対して、高和たちのグループはたった三人だけだ。暴行を受けたり、労働に従事させられることはなかったにせよ、息の詰まる環境であったのは間違いない。末松正樹は絵を描き、日記をつけることで、心の自由を確保した。

そのうちに日中の行動の制限は緩められ、散歩や買い物が可能になった。外出するようになった末松は地元のフランス人の人情に感動した。とりわけ「芸術家」ということだけで信用され、毎日のように食事をふるまってくれた彫刻家がいた。[17]

フランスにとって、三人の処遇を決めることが急務ではなかったのは理解できる。城塞にいる対独協力者や捕虜収容所にいるドイツ人とは隔離して、軟禁状態にあるとはいえ、快適なホテルに住まわせていたのだ。パリにいる日本人の扱いや連合軍の方針など他の状況が定まるまで、このままにしておいて差し支えないと判断されたのだろう。

しかし本人たちにとっては大問題だ。いつまた城塞に戻されるかもしれない。より過酷な収容所に送られるのではないか。そう思うと気が気でなかっただろう。

高和の念願だったスイスの領事に連絡がついたのは、ある二人の人物の訪問のおかげだった。一九四四年一一月のことだ。

一人はヴィシーの日本大使のところで家政婦として勤務していた、ドニーズ・モンフェリエだ。ペルピニャンの実家に滞在していたところだった。もう一人は、同じ職場の元給仕長で「マツバラ」と名乗る人物だ。

高和たちはこれまでの経緯と要望をまとめた報告書をつくり、この二人に託した。そして二人は、一九四四年一一月一六日、ペルピニャンを出たその日のうちにマルセイユのスイス領事館を訪れ、報告書を提出した(18)。

一九四四年一二月、日本でも読売報知と朝日新聞で、高和領事一行は「ペルピニャンのホテルに無事滞在中」と報じられた(19)。

年が明けた一九四五年一月、日本の当局から赤十字国際委員会に対して三人への支援要請があった。これを受けて赤十字のマルセイユ・トゥーロン事務所から、オテル・ド・ラ・ペの支配人に電話したところ、三人は、健康状態は良いが寒がっていて、飴やチョコレートを欲しているということだった。赤十字からの支援物資の準備ができ次第、ペルピニャンに届けられることになった(20)。

パリで拘束された日本人と比較して、さらには日本で拘束され拷問すら受けていたフランス人のことを考えても、何と恵まれていたことだろう。

高和博は軟禁状態からなんとか脱却しようとあがいた。とにかく手紙を書いた。まずはピレネー＝ゾリアンタル県知事に宛て、自分たちの存在をフランス外務省や中立国の大使館に知らせてほしいと訴えることから始めた。それから、パリにいる椎名其二に働きかけを依頼したり、フランスを出国して中立国のスペインへの入国ビザの申請をスイス領事館に相談してみたりというように。

ペルピニャンはピレネー＝ゾリアンタル県の県庁所在地で、県庁はオテル・ド・ラ・ペから歩いて五分の所にある。香山マリエさんに、領事の名前で出された手紙や報告書の筆跡を鑑定してもらったところ、間違いなくすべて、父、末松正樹のものであるとの証言を得た。

本人たちは知る由もなかっただろうが、フランス当局では一九四四年の年末には高和たちの処遇が具体的に検討され始めていた。領事館の嘱託職員だった椎名其二や日本人会会長の森田菊次郎など同胞がいるパリに移す案。インドシナにいるフランス人への影響を考え、大至急解放して、大都市でないところの本人たちが選んだ住居で監視を続ける案。本人たちが温泉地に移りたいというのを受けて、ピレネー山中のある温泉地に移す案。脱走の可能性を考えるとスペイン国境が近いその温泉地ではなく、国境から遠いフランス中央部の中央山塊《マッシフ・サントラル》にする案。アメリカから捕虜との交換に含める案が出て、フランスも前向きに検討していた。(21) ベルンの日本公使館もスイス政府に再三働きかけを行っていた。(22)

そうこうするうちに、日本との戦争は終わった。捕虜交換の可能性はなくなり、三人をもう別の場所に移す必要はないと判断された。(23) 何の変化もないまま、月日が過ぎた。

一九四五年一一月一二日、高和は再び末松に手紙を書かせた。ピレネー＝ゾリアンタル県知事宛てだ。高和の読んだフランスの新聞記事によれば、一〇月二六日、東京からの発表で、日本は中立国と外交関係をもてなくなり、現在中立国にいる外交官は全員帰朝することになるという。この情報が本当であれば、自分たちも彼らと一緒に帰国させてほしい。このことを外務大臣に伝えてほしいと。(24)

高和たちは取り残されてしまっていると感じていたに違いない。しかし、一九四六年一月に急展開が待っていた。

図 11-3　スウェーデンから南下し，高和たちを運んだバス（小野寺百合子『バルト海のほとりにて――武官の妻の大東亜戦争』共同通信社，1985 年）

スウェーデンやスイスなどの欧州の中立国には、まだかなりの数の日本人外交官がいた。一月二八日にナポリ港から出るスペイン籍船プルス・ウルトラ号によって、マニラ経由でこのような日本人を帰国させる準備がなされていた。各地にいた日本人はバスでナポリに集合することになるという。乗客にはパリ脱出後スウェーデンに逃げた海軍関係者や、ヴィシー政府首脳とジクマリンゲンまで同行し、その後スイスに入国した三谷元駐仏大使のような高官も含まれた。この船に高和、末松、瀧安の三人の席も確保することが可能との連絡をフランスにしてきたのは、イギリスだった。(25)

六五人の日本人を乗せたバスは、一月二二日にストックホルムを発つことになっていた(図11-3)。ドイツのカッセル、フランスのベルフォール、リヨン、ニースを通過し、一月二七日の夜九時にナポリに到着予定だった。[26]

ペルピニャンからニースまで車で来ていた高和たちは、ニースでこのバスを待ち受け乗車した。[27]プルス・ウルトラ号はバルセロナから来ていた。バルセロナを出港した際、スペインとポルトガルにいた日本人をすでに乗せていた。高和が入国を熱望していたスペインだったが、たとえそれが叶っていたとしても、結局は同じ船で帰国することになっていただろう。

ナポリを出た後は、英国委任統治領だったハイファ、ポートサイド、コロンボに寄港した。プルス・ウルトラ号は一九四六年三月一四日にマニラに着いた。筑紫丸に乗り換えた引揚者たちは、マニラを出航し、三月二七日、浦賀に到着した。[28]

第12章 抑留を懐かしむ人びと
――「みんなよくしてくれてね」

「みんなよくしてくれてね」

「戦争中は私共二人ともスパイ嫌疑で抑留生活をしましたが、みんなよくしてくれてね、悪い感情なんか持ちませんでした(1)」

一九五二年、パリに滞在した読売新聞記者にこう語ったのは、骨董品屋を経営していた青山三郎と象牙彫刻家の岡本豊太郎だ(図12-1)。「親切なパリジェンヌと結婚して、浦島太郎となった」二人は、日本の読者へのサービス精神から、それとも強がってそう語っているのだろうか。二人ともパリ解放後には拘束されたが、行政収容にはならなかった。

これを読んだとき、気が抜けた。青山と岡本の調書からは、どうにか助かりたいという叫びが聞こえるような気がしていたからだ。なぜ懐かしむかのように語るのか。しかし、パリで収容された日本人たちは、当初はどうであれ、そのうち「みんなよくしてくれた」と本当に思うようになっていたのではないか、とだんだんと私は考えるようになった。

在仏日本人会の岡本宏嗣さん(第7章参照)が、一九五〇年代前半に日本からフランスに渡り、現在

は パリ北西の田舎町に住む、昭和一桁生まれの男性を紹介してくれた。私は岡本さんから入手した戦前の日本人会の名簿のコピーを携え、その男性に会いに行くことにした。

半世紀以上前からフランスに住むその人に、名簿に名前がある人びとのその後について、どんな些細なことでもいいから話を聞かせてもらいたいという、今思えばきわめて単純な思いを抱いていた。その頃は史料収集を始めたばかりで、日本人会名簿はパリの「敵性」日本人に関する数少ない手掛かりだった。

二〇一八年一月のある日、私はパリと郊外を結ぶ鉄道であるRERのA線に乗り、終点からいくつか手前の駅で降りた。男性に指定された待ち合わせ場所は、駅前ロータリーだった。自家用車で迎えにきてくれることになっていた。

ロータリーに車が入ってきては、出ていった。クラシックカーの部類に入りそうな旧式のBMWが見えて、なぜか「自分を迎えにきてくれたのはあの車だ」と確信した。すらっとした老紳士が運転席から出て回り込んできた。何でもない薄手の紺色のセーターを着こなしていた。私は感謝を伝え、そして挨拶を交わした。老紳士は助手席のドアを開けてくれた。笑顔が優しかった。

そのまま自宅に向かうのだろうと思っていたが、そうはならなかった。まずゴッホに関連した場所

図12-1　中華料理店で読売新聞記者のインタビューを受ける岡本豊太郎(右)と青山三郎(左)(『読売新聞』1952年12月19日夕刊)

を巡ってくれた。その田舎町はゴッホ終焉の地なのだ。

老紳士はゴッホに心底惚れ込みこの地に移り住んできた。ゴッホが弟と眠る墓地には観光客らしきドイツ人の集団やマッシュルームヘアの韓国人の若者二人組がいた。

昼時になり、この田舎町の中心広場に面したレストランに案内された。すべてがきちんとしているが、鼻につくような気取った感じはない。地元の常連客が挨拶し合う。外から来た客すらもその親密さを分かち合っていると錯覚する、幸福感に満ちた場所だ。

パリからその田舎町に移り住んで何十年も経つその日本人の老紳士は、特別な馴染み客として迎えられていた。私を指して「彼女ですか」と冗談を飛ばす給仕のサービスには最大級の尊敬を感じた。あらかじめコース料理が頼まれていた。しかし、老紳士は料理にも飲み物にもほとんど手をつけなかった。カラフにたっぷり入った赤ワインは私一人の担当となった。シェフが奥から挨拶に出てきた。

自宅に向かったのはその後だ。かわいい平屋だった。玄関で靴を脱いだ記憶はない。通された応接間は薄暗かった。カーテンが半分引かれたままだったからだ。静物画の一部が、斜めに入る陽にくっきりと照らされていた。よく見ると壁一面には、いくつもの絵が掛かっていた。

老紳士は私の視線の方向に気がついた。どの客も同じ行動をするのだろう。老紳士は教えてくれた。

「ここにある絵は全部、画家本人からもらったんだ」

老紳士の挙げた画家の名前は、芸術に疎い私でも聞いたことのあるような日本人画家のものだった。何の知識もないが額縁もすばらしいと感じていることを伝えた。

「僕の叔父さんが仕上げたんだ。額装師でね。僕もパリに来てすぐのころは手伝いをしたものだよ」

何気なしに飾られた絵画に圧倒されながらも、一番気になったのは、部屋の片隅に立てかけられた日本の祭りの青い法被を来たお孫さんの、おそらくそんなに新しくはない写真だった。

私は会話のきっかけにするために持参した名簿を老紳士に渡した。老紳士は「A」から始まる名前から順に見ていった。

「骨董屋をされていた青山さんね。サン＝ミシェルに今もあるでしょう」

骨董品屋はもうない。そのことは確認していた。ノートルダム寺院がよく見えるサン＝ミシェル河岸通りのその番地を訪ねると、観光客向けの土産物屋があった。店に入るとインドかパキスタンあたりの出身と思われる風貌の男性が店番をしていた。「この場所で昔日本人がやっていた骨董品屋について何か知っていますか」と知るはずもないとわかっていながら聞いてみたが、答えは予想通りだった。

ついでにその土産物屋の並びにある、いかにも古くからやっていそうな画廊に入った。上品な白人夫妻を接客中のフランス人の主人は、店に入ってきた私を美術とは無縁な人間と一瞥して踏み、接客を中断して「何か御用ですか」と言ってきた。同じように尋ねたが、「知らないね」とだけ言い、私など存在しないかのように接客に戻った。

青山三郎自身は一九七三年に亡くなっている(2)。店はいつまで存続していたのかわからないが、老紳士の記憶の中のサン＝ミシェル河岸通りの景色には青山三郎の骨董品屋は今でも刻まれている。そこに骨董品屋はもう存在しないことは、老紳士には言わないでおくことにした。

その一方で、私にとっては重要になりそうであり、戦前、戦後の日本人社会ではおそらく知られていたはずの人物との面識はなかった。期待通りにはいかないのだった。

「石田新吾。聞いたことないなあ」

「森田菊次郎。さあ、知らないなあ」

老紳士は、私が訪問するにあたって、会報やら書簡やらが入った箱を準備してくれていた。箱から紙を一枚取り出した。

「保護されていた」説

それは画家の斎藤哲爾《てつじ》からの手紙だった。一九九二年のものだ。パリに住む日本人の中では最も早い時期から囚われの身となり、釈放されたのは最後だった。

手紙には「米軍のＦＩＢ《〔ママ〕》」に捕らえられて「巴里周辺のｃａｍｐｓ《〔ママ〕》」に収容されたことや、「戦後巴里在残者の歴史として一応記すとして残すことも必要」との思いが短く綴られていた。

斎藤はこの老紳士を含む古くからのパリ在住日本人に、収容の経験を「あれは保護だった」と語っていたそうである。

だとすると、斎藤が残したかったのは、保護としての収容という「歴史」であろう。

いくつかの記録から斎藤の足取りを追うとこうなる。[3]

斎藤はパリが解放された直後の一九四四年八月二八日に捕らわれ、プティ・パレに監禁された。斎藤自身は米軍に拘束されたと思っているが、フランス国内軍だという報告もある。続いて一六区ヴィクトル・ユゴー大通り三八番地、病気になり元修道院の一〇区の軍病院、オスマン大通りの地下牢、シャラントン要塞、ドランシー収容所の順に身柄を移された。複数の日本人がオスマン大通りの軍事保安本部の地下牢を出たり入ったりしていた一九四四年秋、斎藤だけはこのようにいくつかの場所を転々とさせられていた。

誰かからの釈放の働きかけがあった形跡はない。むしろ、斎藤は、自ら筆をとり自分のケースについて再検討してもらうよう嘆願する手紙を、軍事保安本部長宛てに書いている。この手紙によれば、フランス人の恋人と同居していたアパートに捜査が入り、その恋人はランヌ大通りの軍事保安本部日本人係で取り調べを受けた。ほとんどの日本人が捕らわれることなく過ごしていることも知っている。プティ・パレで自分の尋問を担当したアメリカ人も、恋人を取り調べた中尉も、すぐに釈放されると請け合ったという。それでも一向に自由の身になれないという憂き目にあっていた。

一九四五年六月に日本人への行政収容命令が出されたことで、ドランシー収容所で他の日本人と一緒になった。ドランシー収容所解体後は、トゥレル収容所に移された。一二月、トゥレル収容所の閉鎖が決定されたことに伴い、囚人たちの処遇が内務省とパリ警視庁との間で検討された。斎藤にはフランス南西部トゥールーズ近郊のノエ収容所にドイツ人と一緒に移される可能性が、一二月一七日まで残っていた。だが、その二日後にトゥレル収容所から釈放され、自宅での監視に切り替えられた。(4)

斎藤哲爾は一九〇一年、長崎に生まれた。フランスへは一九二九年に渡った。フランスでは銀行に勤務していた時期もあるが、職業は画家を名乗っていた。

ドイツ占領下のフランスから、ウィーンに一回、ドイツには七回も行ったことが問題視された。斎藤は自分の絵の展示に行ったと主張したが、絵の仕事を隠れ蓑に諜報活動をしていたのではないかと疑われた。親独の日刊紙『ル・プティ・パリジャン』の女性記者ポール・エルフォールと仕事をしていた「日本とドイツの諜報員」だったと、ゲシュタポで活動していたジョージア出身の人物に名指しされたからだ。だがこれ以上のことは記録になく、真実はわからない(5)。

スパイ容疑で最も長い期間抑留されていた斎藤哲爾は、戦後もパリに住み続けた。

老紳士は再び箱を探り、「僕にはもう必要ないから」と、大使公邸やら料理店やらで撮影された上品に着飾った男女の集合写真の中から数枚を選んで私にくれた。

「この人が斎藤さん」と、老紳士はその一枚に写った男性を指した。パリに一番長くいる人として、日本料理店の和風の店構えの前で撮られた写真の中心に据えられていた。角ばった顔に軽く笑みを湛えている。座っているから確証はないが、堂々としていて上背はありそうだ。

対独協力者やドイツ人兵士が街頭で暴行を受け、日本人もその標的になりえた状況においては、どこかに隔離されていた方が安全だったという見方はできるかもしれない。だが、公文書を見る限り、日本人は明らかに敵国人として扱われており、当局に保護の意図があったようには思えない。それとも斎藤はフランスは自分たちを連合軍の手に渡さなかったという意味で「保護」と言っているのだろうか。斎藤は収容所から自らの釈放を嘆願する手紙を書いていることから、当時は本人も保護されているという認識はなかったと思われる。

斎藤は、収容所の経験を「保護のためだった」と解釈することで、苦い経験を取り払おうとしたのではないか。そう解釈すれば、フランスが自分たちを匿い、守ってくれたという、むしろいい思い出にすらなる。パリの日本人コミュニティがまだ小さく結びつきが強かった時代には、フランスによる日本人収容は、お互いそれを語らずとも、周知の事実だった。その中で暮らしていくには、都合良く記憶することが必要だったのであろう。

いま老紳士を訪問した日のことを思い出すと一番に脳裏に浮かぶのは、帰路のRERのA線の車窓から見えた西陽にきらめく麦畑である。おそらく老紳士からゴッホの解説を受けていなかったら、それほど強い印象は受けなかっただろう。

老紳士はこの土地を愛し、終の住処に選んだ。

「日本から来てくれる分にはいつでも歓迎だよ。でも僕はもう日本に帰ることはない」

表情が少し陰った老紳士が、かつての残留日本人と重なって見えた。

おわりに

二〇一七年の夏、モロッコに引っ越すことになった。

本書の大部分は三年間を過ごしたモロッコの首都ラバトで書き、史料収集の旅へはラバトから出かけた。パリまで飛行機で三時間足らずという地理的近さに大いに助けられたことは言うまでもないが、モロッコにいたからこそ思いついたことは少なからずある。

自宅の裏手には森が広がっていた。そのテマラの森においてルクレール将軍がアメリカ軍から供与された装備品で第二機甲師団を訓練したと知ったときは、まるで地元の歴史を書いているかのような気持ちになった。第二機甲師団はノルマンディ海岸から米軍と共に八月初頭にフランスに上陸して進軍し、パリに一番に入ったことで知られる。自由フランス軍に、北アフリカ出身者からなるアフリカ軍を合わせた師団だった。中東出身者やスペイン人などの外国人義勇兵も参加した。衛生班には女性もいた。

ロンドンの帝国戦争博物館で見た写真の「東洋人のおじさん」は誰だったのか。

一九四四年夏にパリに留まった日本人で、白髪頭からして五〇代以上の男性だろう。パリ解放が一九四四年であるから、一八九〇年代前半より前に生まれた人ということになる。このような条件から絞られたのは次の人びとだ。

青山三郎（一八九二年三月生まれ。骨董商。当時五二歳）
大沢四郎右衛門（一八九一年一二月生まれ。仕立屋。当時五二歳）
大森鉄之助（一八九〇年四月生まれ。飲食店経営。当時五四歳）
久保末次郎（一八八三年六月生まれ。飲食店経営。当時六一歳）
斎藤豊作（一八八〇年六月生まれ。画家。当時六四歳）
椎名其二（一八八九年二月生まれ。大使館嘱託。当時五五歳）
図師尚武（一八九二年九月生まれ。科学者。当時五一歳）
藤原善四郎（一八八七年四月生まれ。職工。当時五七歳）
長谷川潔（一八九一年一二月生まれ。版画家。当時五二歳）
早川雪洲（一八八六年六月生まれ。俳優。当時五八歳）
原田梨白（一八九〇年八月生まれ。画家。当時五四歳）
日置釭三郎（一八八五年三月生まれ。元軍人。当時五九歳）
平賀亀祐（一八八九年九月生まれ。画家。当時五四歳）
森田菊次郎（一八七九年八月生まれ。元駐在員。当時六五歳）
山本小三郎（一八六七年四月生まれ。無職。当時七七歳）

写真で顔を確認できたのは、青山三郎、大森鉄之助、斎藤豊作、椎名其二、図師尚武、長谷川潔、早川雪洲、原田梨白、日置釭三郎、平賀亀祐、森田菊次郎。いずれも私の探す「東洋人のおじさん」ではなかった。その他の人物の風貌は、日本でもフランスでも確認できなかった。

本書の調査は、この人物を探すことを目指して進められた。考えられる手は尽くしたつもりだが、結果的には特定することはできなかった。

ある日、ラバトの大学で学ぶベトナム人女子留学生と知り合いになった。実を言うと下心があって私から近づいた。フランスの公文書館で得た史料には、ドー・ドック・ホーなどのインドシナ出身者が書いた手紙がいくつも含まれていた。まったく読めないベトナム語を解読するのを助けてほしいという私の頼みを、女学生は受け入れてくれた。

新興住宅地に住む外国人なら誰もが知っているコーヒー店で待ち合わせた。どうしても知りたいことだけ一通り聞き終わってから、「東洋人のおじさん」の写真を見せてみた。ベトナム人女学生は議論の余地なしという調子で言った。

「この人、絶対にベトナム人だよ」

男はそもそも日本人でなかったのかもしれない。日本人には日本人に見え、ベトナム人にはベトナム人に見えるらしい。それでは中国人には中国人に、韓国人には韓国人に見えるということなのだろうか。この男を探す史料調査の過程でドイツ占領下のフランスには日本人以外にも多くの東洋人がいたことがわかった。どこかで日本人だと思いたい反面、日本人でないと判明すればもう探す必要はなくなり楽になれるとも思った。この人物は本書に登場する一人だったのかはわからないし、日本人以外の東洋人だったのかもしれない。

心残りはあるものの、この人物の正体にこだわりすぎる必要はなかったのかもしれない、と今では感じている。この一枚の写真によって、ドイツ占領下パリに生きた日本人はフランス人レジスタンス活動家に拘束の対象として見られていたことに気付かされ、このテーマに乗り出すきっかけになった。それで十分だったと思うことにした。

本書で取り上げたドイツ占領下フランスの日本人は、戦争犯罪人でも、迫害の被害者でも、著しい功績があるわけでもなく、テーマとしてつかみどころがなかったかもしれない。だが、戦時下のヨーロッパにおいて、日本人は、どんなに現地に馴染んでいようとも、枢軸国の一員の出身者という事実からは逃れられなかった。アジア太平洋地域にいた日本人と同様、彼らの立場も国家間のその時々の関係に左右された。これはあたりまえのようで、あまり意識されてこなかったことであり、目を向けてみる価値はあるように思う。

本書に登場した以外にもフランスには日本人はいたが、当時からかなりの時間が経った現在、公文書などの記録に記載があったり、回顧録を自ら書き残したりしている人についてしか書けないという限界は常に感じていた。また、フランスの地方に住んでいた日本人についてはあまり調査ができなかった。さらに、外交、プロパガンダ、諜報、美術、音楽などの各分野の専門家には、本書は物足りないにちがいない。本書で触れた個々の事象については研究を深める余地があることも認識している。今後の研究の何かしらの手がかりになればと願っている。

本書はフランスを中心とした国内外の多くの機関の史料や助言に基づいている。国外では、フランス国立公文書館、フランス国立図書館、フランス外務省外交史料館、フランス国立海外公文書館、パリ警視庁公文書館、パリ・ナンテール大学現代館、フランス軍事省国防史編纂部、レジスタンス財団、ドランシー・ショア記念館、フランス国立視聴覚研究所、帝国戦争博物館、ドイツ連邦公文書館、スイス国立図書館、スイス連邦公文書館、赤十字国際委員会史料室、アメリカ国立公文書記録管理局、国内では、外務省外交史料館、国際交流基金ライブラリー、通信社ライブラリー、藤田記念博物館、仙北市立角館町平福記念美術館、志摩市役所大王支所内平賀亀祐記念館、乃村工藝社、三菱史料館、アナキズム文献センターを挙げさせていただく。これらの機関の長年にわたる史料管理の徹底ぶりに敬意を表し、閲覧を許してくれたことに感謝している。私の問い合わせに親切に対応くださった学芸員お一人おひとりに御礼を申し上げる。

これらの機関以外でも、さまざまな方のご協力を賜った。欧州に住んだ日本人についての先駆的研究で知られる大堀聰さんは、惜しみなく情報を提供くださった。帝京大学のマガリ・ビューニュ先生には、専門の原田梨白に関することだけでなく、フランス語の表記や解釈についてもご教示いただいた。本書に登場する人物とつながりのある花岡民子さん、香山マリエさん、福岡澄子さん、支倉崇晴先生、新藤悦子さんには、文献からだけでは知り得ないお話を聞かせてもらった。ゴッホを愛する老紳士は、初対面の私に対して戸惑うほど親切にしてくださった。老紳士に会った日のことを本書に入れるかどうかは迷ったが、美しい記憶として書き留めておきたかった。どうかお許しいただきたい。調査を始めた最初の冬にパリで面会した在仏日本人会事務局の岡本宏嗣さんは、いまにして思えば、最後までの道を示してくださっていた。逝去されて、本書を届けられなかったのが残念だ。香山マリエさんが取り次いでくださった私からの手紙に対し、パリ時代を振り返る丁寧なお返事をくださった野見山暁治先生にも、同じ思いを抱いている。

岩波書店では、前作に続き最初に本書の企画に関心を示していただいた吉田浩一さん、その後、担当を引き継いでくださった猿山直美さんに深く感謝している。猿山さんの気づきをきっかけに直しているといつのまにか筋の通った話になっている。そんなことが何度もあった。

二〇二三年一〇月

藤森晶子

藤森晶子
1979 年広島市生まれ．東京外国語大学外国語学部欧米第二課程(フランス語専攻)卒業．ストラスブール第三大学大学院への留学を経て，東京大学大学院総合文化研究科言語情報科学専攻博士課程単位取得退学．著書に『丸刈りにされた女たち 「ドイツ兵の恋人」の戦後を辿る旅』(岩波書店，2016 年)，訳書に『デミーンの自殺者たち――独ソ戦末期にドイツ北部の町で起きた悲劇』(共訳，人文書院，2023 年)がある．

パリの「敵性」日本人たち――脱出か抑留か 1940–1946

2023 年 12 月 13 日 第 1 刷発行

著 者 藤森晶子《ふじもりあきこ》

発行者 坂本政謙

発行所 株式会社 岩波書店
〒101-8002 東京都千代田区一ツ橋 2-5-5
電話案内 03-5210-4000
https://www.iwanami.co.jp/

印刷・精興社 製本・松岳社

ISBN 978-4-00-061621-8 Printed in Japan

註

文献所蔵先については，以下のとおり略した．

ACICR＝Archives du Comité international de la Croix-Rouge，赤十字国際委員会史料室
AFS＝Archives fédérales suisses，スイス連邦公文書館
AN＝Archives nationales de France，フランス国立公文書館
ANOM＝Archives nationales d'outre-mer，フランス国立海外公文書館
APP＝Archives de la Préfecture de police de Paris，パリ警視庁公文書館
BABL＝Bundesarchiv Abteilung Berlin-Lichterfelde，ドイツ連邦公文書館ベルリン・リヒターフェルデ館
BNF＝Bibliothèque nationale de France，フランス国立図書館
MAE＝Ministère des Affaires étrangères，フランス外務省外交史料館
NARA＝The National Archives and Records Administration，アメリカ国立公文書記録管理局
SHD＝Service historique de la Défense，フランス軍事省国防史編纂部

第1章

(1) Jean-Paul Sartre, « Un promeneur dans Paris insurgé(III). Colère d'une ville », *Combat,* 30 août 1944.
(2) 剣持久木編著『よくわかるフランス近現代史』ミネルヴァ書房，2018年，133頁．Michèle et Jean-Paul Cointet(dir.), *Dictionnaire historique de la France sous l'Occupation,* Paris, Tallandier, 2000, pp. 491–494.
(3) *Didot-Bottin. Paris(Professions),* Paris, Didot-Bottin, 1942.
(4) 渡辺和行『ナチ占領下のフランス――沈黙・抵抗・協力』講談社，1994年．ジャン゠フランソワ・ミュラシオル『フランス・レジスタンス史』福本直之訳，白水社，2008年．アントニー・ビーヴァー，アーテミス・クーパー『パリ解放 1944–49』北代美和子訳，白水社，2012年．
(5) 泉孝英『日本・欧米間，戦時下の旅――第二次世界大戦下，日本人往来の記録』淡交社，2005年，210頁．
(6) 小松ふみ子『伯林最後の日――附巴里脱出記』太平洋出版社，1947年，46頁．
(7) 池村俊郎『戦争とパリ――ある二人の日本人の青春　1935–45年』彩流社，2003年，264頁．

(8) Jean-Paul Sartre, *op. cit.*
(9) « Le peuple de Paris continue la lutte pour sa libération », *Ce soir*, 22 août 1944.
(10) Paul Tuffrau, *De la « drôle de guerre » à la Libération de Paris(1939–1944)*, Paris, Éditions Imago, 2002, p. 99.
(11) J. F. Borsarello et W. Palinckx, *Wehrmacht & SS. Caucasian-Muslim-Asian Troops*, Bayeux, Heimdal, 2007.
(12) 薩摩治郎八『巴里・女・戦争』同光社，1954 年，187–188 頁．

第 2 章

(1) 「澄み渡った気分・精神性「長谷川潔」展」『日本経済新聞』2011 年 5 月 11 日．
(2) 猿渡紀代子『長谷川潔の世界(下)渡仏後[II]』有隣堂，1998 年，20 頁．
(3) Pierre Laborie, *Les mots de 39–45*, Toulouse, Presses Universitaires du Mirail, 2006, pp. 106–108. クロード・ランズマン『パタゴニアの野兎――ランズマン回想録(下)』中原毅志訳，高橋武智解説，人文書院，2016 年，277–278 頁．
(4) APP, CC^{2}34, Registres d'écrou des consignés provisoires(CP) au dépôt, 1 juin 1945–2 oct. 1945.
(5) 平賀亀祐『一本の釘』求竜堂，1970 年，150 頁．
(6) SHD, GR 28 P 6 304, Note, « Renseignements sur la colonie japonaise de la région parisienne », 15 novembre 1944. SHD, GR 28 P 6 304, Note, « Activités japonaises en France », 6 février 1945.
(7) APP, BA 2366, Lettre du ministre de l'Intérieur au préfet de Police, 7 juin 1945.
(8) Denis Peschanski, *La France des camps : L'internement,* 1938–1946, Paris, Gallimard, 2002, p. 462.
(9) Michèle et Jean-Paul Cointet(dir.), *op. cit.*, p. 256.
(10) Annette Wieviorka, Michel Laffitte, *À l'intérieur du camp de Drancy*, Paris, Éditions Perrin, 2012, pp. 309–316.
(11) APP, 1W248–9743, Rapport, 8 août 1945.
(12) APP, 77W1213–365432, Rapport, 25 juillet 1945.
(13) APP, 77W1227–366613, Rapport, 19 juillet 1945. APP, 1W248–9800, Procès-verbal, 6 août 1945.
(14) APP, 1W248–9756, Lettre de Haraki Jitsuichi au préfet de Police, 7 novembre 1945.
(15) 和田博文他『パリ・日本人の心象地図――1867–1945』藤原書店，2004 年，34 頁．

(16)　APP, 1W248-9756, Rapport, 18 juillet 1945.
(17)　MAE, 131QO131, Lettre de l'ambassadeur de France à Londres au ministre des Affaires étrangères, 4 août 1945.
(18)　山本武利『ブラック・プロパガンダ――謀略のラジオ』岩波書店，2002年.
(19)　金本伊津子「忘れられた敵性外国人――マン島に強制収容された日本人」『桃山学院大学総合研究所紀要』第42巻第1号，2016年，57-74頁．長谷川才次「英国から帰って」『同盟通信社報』第61号，1942年10月10日，新聞通信調査会『同盟通信社報』復刻版，2019年所収.
(20)　金本伊津子，前掲論文.
(21)　菅野冬樹『近衛秀麿――亡命オーケストラの真実』東京堂出版，2017年.
(22)　MAE, 131QO131, Lettre du ministre des Affaires étrangères à l'ambassadeur de France à Londres, 13 août 1945.
(23)　池村俊郎，前掲書，267-268頁.
(24)　椎名其二「佐伯祐三の死――自由に焦れて在仏40年」『中央公論』73(2)，1958年2月，154-163頁.
(25)　薩摩治郎八，前掲書，200頁.
(26)　MAE, 131QO131, Lettres de Satsuma Jirohachi à Beaulieux, direction de l'Asie-Océanie.
(27)　猿渡紀代子，前掲書，20頁.
(28)　APP, 77W1837-283195, Lettre de Robert de Billy, 22 juin 1945.
(29)　APP, 77W1837-283195, Lettres d'Édouard Monod-Herzen.
(30)　猿渡紀代子，前掲書，20頁.
(31)　AN, 20160181/17, Papiers saisis chez Shina, 1 Bd. Beauséjour.
(32)　APP, BA 2369, Lettre du préfet de Police au ministre de l'Intérieur, 9 septembre 1945.
(33)　APP, BA 2368, État des étrangers, internés dont l'arrêté d'internement n'est pas maintenu par l'Intérieur, 24 octobre 1945.
(34)　APP, BA 2366, Dossier Ressortissants japonais. APP, BA 2368, Note du directeur du centre de séjour surveillé des Tourelles au préfet de Police, 19 décembre 1945.

第3章

(1)　淡徳三郎『続抵抗 レジスタンス――フランスにおけるドイツ占領下の四年間』創芸社，1950年.
(2)　淡徳三郎『抵抗 レジスタンス――ドイツ占領下の四年間』創芸社，1949年.
(3)　長守善『欧米社会主義と労働組合』広文社，1947年．KW「レジスタン

ス」『世界』1949年9月号，50頁(渡邊一夫『宿命についてなど』白水社，1950年に再録).

(4) La contemporaine, 4 P 5516, *Nitifutu-Tusin: quotidien franco-nippon.*

(5) 高田博厚『分水嶺』岩波現代文庫，2000年，197–198頁.

(6) 和田博文他，前掲書，46–55頁．石黒敬章・田中敦子・和田博文編『パリの日本語新聞――『巴里週報』』Ⅰ・Ⅱ，柏書房，2009年.

(7) 高田博厚，前掲書，197–200頁．淡徳三郎『三つの敗戦』時事通信社，1948年，36–40頁．« Le directeur du plus petit journal du monde », *L'Humanité,* 3 février 1939.

(8) 和田博文他，前掲書，11頁

(9) ハンナ・ダイアモンド『脱出――1940夏・パリ』佐藤正和訳，朝日新聞出版，2008年.

(10) 『日仏通信』号外，1940年5月18日.

(11) 同上紙.

(12) たとえば次のものが挙げられる．『日仏通信』号外，1940年5月20日．『日仏通信』号外，1940年5月22日．『日仏通信』1184号，1940年6月7日.

(13) 『日仏通信』1186号，1940年6月10日.

(14) SHD, GR 28 P 9 14274, Répertoire des Japonais domiciliés en France(在仏邦人名簿，昭和18年8月末現在，巴里日本人会編).

(15) Maurice Sarazin, *Le Corps diplomatique à Vichy(1940–1944)*, Paris, Dualpha, 2019, pp. 37–38.

(16) *Ibid.*, p. 229.

(17) SHD, GR 28 P 9 14274, Répertoire des Japonais domiciliés en France(在仏邦人名簿，昭和18年8月末現在，巴里日本人会編).

(18) La contemporaine, O/RES/227/16–20, Journaux intimes et politiques de Dan Tokusaburo, 15 août 1940–31 juillet 1943.

(19) 淡徳三郎『三つの敗戦』前掲，41–43頁.

(20) 養道希彦『薔薇色のイストワール』講談社，2004年.

(21) 萩谷由喜子『諏訪根自子――美貌のヴァイオリニスト　その劇的生涯1920–2012』アルファベータ，2013年.

(22) 平賀亀祐，前掲書，238頁.

(23) 「文化を震撼させたパリの一年間――独軍占領下の学校・劇場・美術」『朝日新聞』夕刊，1941年6月1日.

(24) 関口俊吾『変貌の欧州』皇国青年教育協会，1942年，26–28頁．池村俊郎，前掲書，216頁.

(25) AN, 20070101/2, Procès-verbal, 26 octobre 1944.

(26) Michèle et Jean-Paul Cointet(dir.), *op. cit.*, pp. 598–599.

(27) APP, 1W403–66750, Rapport de renseignements, 13 janvier 1945.

(28) チェルビ菊枝『おてんばキクちゃん巴里に生きる』草思社，1999年，88頁.
(29) 高田博厚，前掲書，278頁.
(30) 衣奈多喜男『ヨーロッパ青鉛筆』朝日新聞社，1947年，235–236頁.
(31) ANOM, 61COL2266, Note, 11 septembre 1944(date manuscrite).
(32) 小松ふみ子，前掲書，42–62頁.
(33) 前田陽一『西欧に学んで』要書房，1955年，90–100頁.
(34) 「表紙　在独邦人一覧表(昭和20年1月10日現在)1」JACAR(アジア歴史資料センター)Ref. B02032395000，「在独邦人一覧表(昭和20年1月10日現在)2」JACAR：B02032395100，「在独邦人一覧表(昭和20年1月10日現在)3」JACAR：B02032395200，第二次欧州大戦関係一件／在留邦人保護，避難及引揚関係／在独邦人名簿(昭和20年1月現在)(A-7-0-0-8_6_2)，外務省外交史料館.
(35) 大崎正二『遥かなる人間風景』弘隆社，2002年，6頁.
(36) 湯浅年子『パリ随想――ら・みぜーる・ど・りゅっくす』みすず書房，1973年，107–133頁.
(37) 高田博厚『薔薇窓――ロザース』美術出版社，1969年，15頁.
(38) 小松ふみ子，前掲書，163–164頁.
(39) 同上書，164頁.
(40) 湯浅年子，前掲書，130頁.
(41) 淡徳三郎『三つの敗戦』前掲，53頁.
(42) 「1. 在ドイツ大使館内籠城よりドイツ引揚迄の経緯(河原参事官)」JACAR：B02032393300，「2. 在ドイツ法人引揚に関する件(在ベルリン総領事報告)」JACAR：B02032393400，「3. 松島公使一行ドイツ引揚経過報告(菅通訳官)」JACAR：B02032393500，「4. 「リンデ」在留邦人引揚に関する報告(小室商務書記官)」JACAR：B02032393600，「5. ドイツ国メクレンブルグ在留邦人引揚に関する報告及被害届／1」JACAR：B02032393700，「5. ドイツ国メクレンブルグ在留邦人引揚に関する報告及被害届／2」JACAR：B02032393800，「6. 伯林及蘇軍占領地域内に於ける我方国有及私有財産に関する件／1」JACAR：B02032393900，第二次欧州大戦関係一件／在留邦人保護，避難及引揚関係　第二巻(A-7-0-0-8_6_002)，外務省外交史料館.
(43) 高田博厚『薔薇窓』前掲，45–54頁.
(44) 高田博厚については次を参照した．AN, 20070615/1, Dossier n° 613799, Takata Hirotatsu. AN, 20060012/17, Dossier n° 7797, Takata Hiroatsu. APP, 1W2212–8204, Takata Hiroatsu et Henriette Goyet. SHD, GR 28 P 9 14305, Affaire Takata Hiroatsu.
(45) 「2. 在ドイツ法人引揚に関する件(在ベルリン総領事報告)」前掲資料，外務省外交史料館.

(46) 淡徳三郎『三つの敗戦』前掲，143-235 頁.

第 4 章

(1) SHD, GR 28 P 9 13606, Note, « Renseignements sur la colonie japonaise de la région parisienne », 15 novembre 1944.

(2) 『ルーヴル(*L'Œuvre*)』の他に，『ル・マタン(*Le Matin*)』，ラジオ・パリが 1941 年 4 月 27 日以降毎週発行していた雑誌『レ・ゾンド(*Les Ondes: l'hebdomadaire de la radio*)』の番組表も参照した.

(3) AN, F/60/1487, Lettre de Robert Becq et Jean Fournet à l'ambassadeur de Brinon, 20 mars 1942.

(4) Élisabeth Dunan, « La Propaganda-Abteilung de France : tâches et organisation », *Revue d'histoire de la Deuxième Guerre mondiale*, octobre 1951, n° 4, pp. 19–32. Aurélie Luneau, *Radio Londres 1940–1944. Les voix de la liberté*, Paris, Perrin, 2005, pp. 41–44.

(5) Cécile Méadel, « Pauses musicales ou les éclatants silences de Radio-Paris », *in* Myriam Chimènes(dir.), *La vie musicale sous Vichy*, Complexe, 2000. halshs-00094154

(6) 筆者が音源を聴取できた放送回の一例は以下の通り. INA, PHD86051549, Chronique militaire sur la bataille de Birmanie. INA, PHD85010680, Les projets américains dans le Pacifique. INA, PHD85010632, Une journée à Tokyo ; la bataille de Birmanie ; berceuse japonaise. INA, PHD85010675, Conte japonais ; conseil de l'Empereur ; musique militaire.

(7) 「在外本邦人身分関係雑篇　欧州の部」第 14 巻，K.1.2.1.1-6，外務省外交史料館.

(8) Jacques Tilly, « Nippon », *Les Ondes*, n° 120, 15 août 1943.

(9) 和田桂子・松崎碩子・和田博文編『満鉄と日仏文化交流誌『フランス・ジャポン』』，ゆまに書房，2012 年. 和田博文他，前掲書，66 頁.

(10) *Les Ondes*, 1 mars 1942.

(11) 江原綱一「安益泰君の片貌」『レコード芸術』(3)，1952 年 5 月，56-57 頁.

(12) « Ekitaï Ahn, le célèbre chef d'orchestre japonais, dirigera une deuxième fois à Paris », *Le Matin*, 22 mars 1943. « Un compositeur nippon [*sic*] un diplomate mandchou ont uni leur talent dans une fresque symphonique "MANDCHOUKUO" qui sera jouée ce soir au Palais de Chaillot », *Le Matin*, 30 mars 1943.

(13) « Un gala franco-japonais consacré à Beethoven », *Le Matin*, 19 avril 1944.

(14) *Le Matin*, 29 janvier 1944.

(15) 菅野冬樹『戦火のマエストロ――近衛秀麿』NHK 出版，2015 年. 菅野冬樹『近衛秀麿』前掲.

(16) Geneviève Morita sous le pseudonyme de Tormia, *Voyage au Japon*, Paris, Eugène Figuière, 1928. Geneviève Morita, *Un coup d'œil sur la musique et la danse traditionnelles au Japon*, s.n., 1936.

(17) APP, 77W938-223101, Rapport de renseignements, 22 décembre 1944.『結城素明――その人と芸術』山種美術館，1985年.

(18) Edouard Clavery, *Extrême-Orient*, Paris, Les Presses Modernes, 1940, p. 235.『伊太利万国博覧会出品協会事務報告』伊太利万国博覧会出品協会発行，1911年.

(19) *Bulletin de la Société Franco-Japonaise de Paris*, n° 25 mars 1912, p. 18. *Bulletin de la Société Franco-Japonaise de Paris*, n° 29, avril 1913, p. 19. *Bulletin de la Société Franco-Japonaise de Paris*, n° 33, avril 1914, p. 33.

(20) 三菱社誌刊行会『三菱社誌 29』東京大学出版会，1981年．三菱社誌刊行会『三菱社誌 30』東京大学出版会，1981年．三菱社誌刊行会『三菱社誌 31』東京大学出版会，1981年.

(21) 商工省商務局編『巴里万国装飾美術工芸博覧会政府参同事務報告』1927年，81頁.

(22) 秋田県立近代美術館編『近代の精華――平福百穂とその仲間たち』秋田県立近代美術館，1994年，73頁.

(23) 高浜虚子『渡仏日記』改造社，1936年，288-289頁.

(24) 「素明画伯の令弟夫人　愈々九日に同道　鹿島立つ」『読売新聞』1923年5月8日.

(25) 西村将洋編『パリへの憧憬と回想「あみ・ど・ぱり」III』柏書房，2009年，271頁.

(26) APP, 77W938-223101, Rapport de renseignements, 13 octobre 1945.

(27) たとえば次が挙げられる．前田陽一，前掲書．古沢淑子「フランスより帰りて」『音楽の友』10(7)，1952年7月号，100-101頁．古沢淑子「戦禍をのがれて　ヨーロッパの明暗」『改造』33(16)，1952年，11頁，146-149頁.

(28) 倉知緑郎「僕の思い出ばなし 17」『JBAG NEWS』年号不明．この資料は，第二次世界大戦中に欧州に住んだ日本人の研究をしている大堀聰氏から提供された.

(29) SHD, GR 28 P 9 13606, Note, « Renseignements sur la colonie japonaise de la région parisienne », 15 novembre 1944.

(30) 小松ふみ子，前掲書，6-7頁.

第5章

(1) 芹沢光治良「パリで会った日本人」『芹沢光治良文学館 11』新潮社，1997年，437-443頁．高橋豊子『パリの並木路をゆく』学風書院，1953年，114-115頁.

(2) 芹沢光治良「パリの日本料理店」『芹沢光治良文学館 2』新潮社，1995 年，558–585 頁.
(3) Fabien Théofilakis, *Les prisonniers de guerre allemands. France, 1944–1949,* Paris, Fayard, 2014, p. 11.
(4) AN, F/7/14954, Instruction du Général de Gaulle au commissaire à la Guerre, au commissaire à la Marine et au commissaire à l'Air, Alger, 24 avril 1944. Paul Paillole, *Services Spéciaux(1935–1945)*, Paris, Robert Laffont, 1975, p. 549.
(5) AN, F/7/14953, Fiche de renseignement, « Liste des ressortissants japonais », 7 septembre 1944.
(6) SHD, 28 P 9 13606, Note de renseignements, 6 novembre 1944.
(7) ANOM, 1AFFPOL/2266, Note, 11 septembre 1944 (date manuscrite).
(8) SHD, 28 P 9 13606, Liste des Japonais ayant quitté la France au début d'août 1944.
(9) SHD, 28 P 9 13606, Résidents japonais à Paris.
(10) APP, 77W1882–295603, Rapport, 30 juillet 1945.
(11) Gérar-Dubot, « Maintenant, il faut le dire ! », Avant-propos de la Brochure (en préparation) dont les « Notes » pour servir à la « Petite Histoire » constitueront le chapitre anecdotique, 1951.
(12) Philippe Bourdrel, *L'épuration sauvage,* Paris, Perrin, 2008, pp. 58–116 [2002].
(13) AFS, E2200.42-02#1000/585#306*, Note pour Monsieur de Montenach, 17 février 1945. 椎名其二については以下が詳しい．蜷川譲『パリに死す——評伝・椎名其二』藤原書店，1996 年.
(14) AFS, E2200.42-02#1000/585#306*, Procès-verbal, 20 mars 1945.
(15) APP, BA 2366, Lettre du ministre de l'Intérieur au préfet de Police, 7 juin 1945.
(16) 椎名其二，前掲記事.
(17) MAE, 131QO131, Lettre de Jean Buhot au directeur de l'Asie, ministère des Affaires étrangères, 16 juillet 1945.
(18) MAE, 131QO131, Lettre de la direction de l'Asie-Océanie, ministère des Affaires étrangères à Jean Buhot, 21 juillet 1945.
(19) 椎名其二，前掲記事.
(20) 蜷川譲，前掲書.
(21) 芹沢光治良「こころの広場」『芹沢光治良文学館 12』新潮社，1997 年，249 頁.
(22) 同上書.
(23) Kojiro Serizawa, *Madame Aïda,* Roman adapté du japonais par Armand

Pierhal, Paris, Laffont, 1958.

(24) 高橋豊子，前掲書．芹沢光治良『巴里夫人』角川文庫，1959 年に収録された桶谷繁雄による解説．

(25) SHD, GR 28 P 9 13606, Résidents japonais à Paris.

第6章

(1) 池村俊郎，前掲書，35–36 頁．和田博文他，前掲書，243 頁．

(2) APP, 77W 3593–355982, Rapport de renseignements, 12 mars 1947. SHD, GR 28 P 9 14274, Répertoire des Japonais domiciliés en France(在仏邦人名簿，昭和 18 年 8 月末現在，巴里日本人会編).

(3) SHD, GR 28 P 9 8247, Note, « Renseignements sur la Maison interasiatique », 18 novembre 1944.

(4) 『増補改訂日本アナキズム運動人名事典』ぱる出版，2019 年，335 頁．

(5) SHD, GR 28 P 9 8247, Note, « Renseignements sur la Maison interasiatique », 18 novembre 1944.

(6) *Ibid.*

(7) APP, 1W753–29520, Rapport de renseignements, 22 janvier 1938.

(8) APP, 1W753–29520, Rapport de renseignements, 18 décembre 1937.

(9) La contemporaine, O/RES/227/19, Note du 24 juillet 1942.

(10) Pierre Daum, *Immigrés de force. Les travailleurs indochinois en France (1939–1952)*, Arles, Actes Sud, 2009.

(11) Charles Keith, « Vietnamese Collaborationism in Vichy France », *The Journal of Asian Studies*, Vol. 76, Issue 4, November 2017, pp. 987–1008.

(12) AN, Z/6/212, Exposé des faits du commissaire du gouvernement adjoint.

(13) AN, Z/6/212, Procès-verbal d'interrogatoire, 26 octobre 1944.

(14) AN, Z/6/212, Lettre de Do Duc Ho à Thinh Dinh Lan, 6 septembre 1941.

(15) ANOM, SLOTFOM XV/28, Dossier Do Duc Ho, Note, 20 décembre 1944.

(16) AN, Z/6/212, Dossier de la cour de justice du département de la Seine.

(17) 山口俊夫『フランス法辞典』東京大学出版会，2002 年，285 頁．

(18) 椎名其二，前掲記事．

(19) ANOM, SLOTFOM XV/28, Dossier Do Duc Ho, Procès-verbal, 14 septembre 1944.

(20) AN, Z/6/3135, Lettre du commissaire du gouvernement au ministre de la Justice, 22 janvier 1953.

(21) AN, Z/6/3135, Lettre du commissaire du gouvernement près la cour de justice de la Seine au ministre de l'Intérieur, 31 janvier 1955. AN, Z/6/3135, Lettre du procureur général au commissaire de police du quartier de la Sorbonne, 10 juin 1955.

(22) APP, 77W3593-355982, Rapport de renseignements, 12 janvier 1945.
(23) APP, 77W3593-355982, Rapport de renseignements, 21 mars 1967.

第7章

(1) MAE, 131QO8, Aide-mémoire, 20 février 1945.
(2) 三谷隆信『回顧録——侍従長の昭和史』中公文庫，1999年，200頁.
(3) AFS, E2200.42-02#1000/585#307*, Lettre de l'ambassadeur du Japon à Vichy au ministre de Suisse à Vichy, 18 août 1944.
(4) AFS, E2200.42-02#1000/585#306*, Lettre au ministre au département politique fédéral, division des intérêts étrangers à Berne, 28 février 1945.
(5) AFS, E2200.42-02#1000/585#306*, Procès-verbal, 17 novembre 1945.
(6) 毎日新聞社編『対日平和条約』毎日新聞社，1952年，72頁.
(7) 「パリの日本大使館員がフランスで見つけた日本　52 在フランス日本国大使館(2021年4月30日)」https://www.fr.emb-japan.go.jp/files/100184197.pdf (2023年10月24日閲覧)
(8) AN, 2016018/17, Procès-verbal d'interrogatoire, 14 mai 1945.
(9) 桜井一郎『シャンパーニュの空の下』文芸社，2002年，46頁.
(10) AFS, E2200.42-02#1000/585#306*, Plan du bureau de l'attaché militaire, 1 bd. Beauséjour.
(11) AFS, E2200.42-02#1000/585#306*, Procès-verbal, 20 mars 1945.
(12) MAE, 131QO131, Lettre du ministre des Colonies au ministre de l'Intérieur, 6 septembre 1944.
(13) AN, 19880312/9, Note pour le ministre par le préfet, inspecteur général des camps, 7 novembre 1944. AN, 1988032/9, Note pour le ministre par le préfet, inspecteur général des camps d'internement, 8 mars 1945.
(14) AFS, E2200.42-02#1000/585#306*, Note de la légation de Suisse en France, service des intérêts étrangers, 19 mars 1945. MAE, 131QO8, Note de la légation de Suisse en France, service des intérêts étrangers, au ministère des Affaires étrangères, 20 mars 1945.
(15) MAE, 131QO8, Note manuscrite, 3 mars 1945.
(16) AFS, E2200.42-02#1000/585#306*, Note de la légation de Suisse en France, service des intérêts étrangers, au ministère des Affaires étrangères, service du protocole, 23 avril 1945.
(17) MAE, 131QO8, Note pour Monsieur Beaulieux, 6 avril 1945.
(18) NARA, RG 331, Entry 11, Box 4, Folder GBI/EXEC/322-57, Japanese Intelligence Section, G-2 SHAEF—Organization, Message from SHAEF Main from G-2 signed Eisenhower to AGWAR for Bissell, 8 April 1945.
(19) NARA, RG 331, Entry 11, Box 4, Folder GBI/EXEC/322-57, Japanese In-

telligence Section, G-2 SHAEF—Organization, Memorandum from K. W. D. Strong, Major-General GS, A C of S, G-2, 7 March 1945.

(20) NARA, RG 331, Entry 11, Box 4, Folder GBI/EXEC/322-57, Japanese Intelligence Section, G-2 SHAEF—Organization, Message from SHAEF Main from Strong signed Eisenhower to AGWAR for Bissell, 2 March 1945.

(21) « 40 Jap Residents Walk Paris Streets in Freedom », *Chicago Tribune*, October 5, 1944.

(22) AN, F/7/14947, Circulaire du ministre de l'Intérieur aux commissaires régionaux de la République et aux préfets, 21 décembre 1944.

(23) *Ibid.*

(24) Guillaume Zeller, *Les cages de la Kempeitaï: Les Français sous la terreur japonaise. Indochine, mars-août 1945*, Paris, Tallandier, 2019, p. 174.

(25) *Ibid.*, pp. 125-126.

(26) *Ibid.*, p. 12.

(27) Alfred Georges, *Charles de Gaulle et la guerre d'Indochine*, Paris, Nouvelles Éditions Latines, 1974, pp. 31-33.

(28) AFS, E2200.42-02#1000/585#306*, Note du ministère des Affaires étrangères à la légation de Suisse en France, sans date (vers fin mars/début avril 1945).

(29) AFS, E2200.42-02#1000/585#306*, Note de la légation de Suisse en France, services des intérêts étrangers, au ministère des Affaires étrangères, 25 avril 1945.

(30) AN, 20160181/17, Note pour M. Wybot par le directeur des renseignements généraux, 18 avril 1945.

(31) チェルビ菊枝, 前掲書, 101 頁.

(32) AN, 20160181/17, Rapport des inspecteurs au commissaire de la 4° section à la surveillance du territoire, 24 avril 1945. AFS, E2200.42-02#1000/585#306*, Verbal, 25 avril 1945.

(33) SHD, GR 28 P 6 304, Rapport, « affaire Yshida », 2 juin 1945.

(34) APP, 1W1010-48334, Lettre du ministre de l'Intérieur au préfet de Police, 19 mai 1945.

(35) APP, BA 2368, Lettre du directeur du centre des Tourelles au préfet de Police, 9 octobre 1945.

第8章

(1) AN, 20160181/17, Papiers saisis chez Shina, 1 Bd. Beauséjour.

(2) SHD, GR 28 P 9 14274, Compte rendu du lieutenant Loritte au capitaine commandant, le 2ème bureau de l'état-major, 2 septembre 1944.

(3) SHD, GR 28 P 9 14274, Note des écoutes téléphoniques, journée du 2 septembre 1944.
(4) APP, 77W938-223101, Rapport de renseignements, 13 octobre 1945.
(5) SHD, GR 28 P 9 14274, Note des écoutes téléphoniques, journée du 2 septembre 1944.
(6) APP, 1W1808-91862, Rapport de renseignements, 25 novembre 1944.
(7) 平賀亀祐，前掲書，232-233頁.
(8) 同上書，148-149頁.
(9) 岸田劉生『摘録劉生日記』岩波文庫，1998年，421頁.
(10) Société des « artistes indépendants », *Catalogue de la 43ème exposition 1932,* 43ème exposition, Grand Palais des Champs-Elysées, du 22 janvier au 28 février inclus 1932, p. 151.
(11) « Peintres Japonais de Paris », *France-Japon,* n° 10, 15 juillet 1935, p. 168. « Peintres Japonais de Paris. Rihakou Harada », *France-Japon,* n° 23, 15 novembre 1937, p. 248.
(12) « Petit courrier artistique », *Comœdia,* mercredi 25 mars 1936.
(13) BABL, R 64-IV/94, Carte d'invitation à l'exposition Rihakou Harada chez MM. Bernheim-Jeune du 23 octobre au 5 novembre 1937. BABL, R 64-IV/94, Carte d'invitation à l'exposition Rihakou Harada, Frans Buffa en Zonen du 1 au 15 octobre 1938. AN, F/21/6747, Dossier Harada Rihakou, Achat d'une peinture "Bateau d'excursion".
(14) Günther Haasch(éd.), *Die Deutsch-Japanischen Gesellschaften von 1888 bis 1996,* Berlin, Edition Colloquium, 1996.
(15) 安松みゆき『ナチス・ドイツと〈帝国〉日本美術——歴史から消された展覧会』吉川弘文館，2016年.
(16) 「各国ニ於ケル協会及文化団体関係雑件／独国ノ部 10. 伯林ニ於ケル日独連絡協議会関係(3)第五回」JACAR：Ref. B04012388200，各国ニ於ケル協会及文化団体関係雑件／独国ノ部(I-1-10-0-1_5)，外務省外交史料館.
(17) BABL, R 64-IV/94, Rihaku Harada, Bilder-Ausstellung, 19. Sept. bis 4. Okt. 1942.
(18) BABL, R 64-IV/94, Einladg. zur Eröffnung am 18. 9. 1942.
(19) たとえば次のものがある. BABL, R 64-IV/94, *Das Reich,* Berlin, 27. Sept. 1942.
(20) BABL, R 64-IV/94, *Völkischer Beobachter,* Berlin, 19. Sept. 1942.
(21) 平賀亀祐，前掲書，152-153頁.
(22) SHD, GR 28 P 9 8247, Note de renseignements, 9 juin 1945.
(23) SHD, GR 10 R 972, Dragon noir, Asie, Service spéciaux.
(24) 小松ふみ子，前掲書，1頁.

(25) 芳賀徹『ひびきあう詩心――俳句とフランスの詩人たち』TBS ブリタニカ，2002 年，65–67 頁．
(26) Paul Claudel, *Dodoitsu*, Paris, Gallimard, 1945.
(27) Kikou Yamata, *Masako*, Paris, Stock, 1942（『マサコ・麗しき夫人』矢島翠訳，朝日新聞社，1999 年）．
(28) AN, F/7/14953, Note de renseignements, 24 novembre 1944.
(29) Magali Bugne, « Harada Rihakou (1890–1954), prémices d'une biographie de l'illustrateur de Dodoitzu », *Bulletin de la Société Paul Claudel*, n° 231, 2020, pp. 59–71. マガリ・ビューニュ「原田梨白(1890–1954)――20 世紀前半のフランス芸術界に貢献した日本人画家」『帝京大学外国語外国文化』第 12 号，2021 年 3 月，71–78 頁．
(30) Établissements Nicolas, *Liste des grands vins 1950*, Montrouge, Imprimerie Draeger Frères, 1949.
(31) Henri Horne, « La cérémonie du thé », *Réalité*, n° 52, mai 1950, pp. 103–107.
(32) *Les dernières nouvelles d'Alsace*, N° 289, dimanche 9 décembre/lundi 10 décembre 1951.
(33) BNF, NAF 28255 Fonds Paul Claudel « Harada Rihakou ».
(34) *Exposition Rihakou Harada*, Strasbourg, Cabinet des estampes, 1966.
(35) « Chronique colmarienne 1955–1956 », *Annuaire de la Société historique et littéraire de Colmar*, 1957, p. 133.
(36) *Exposition Rihakou Harada, op. cit.*

第 9 章

(1) MAE, 120QO26, Note pour le ministre, Direction d'Asie-Océanie, 28 avril 1945.
(2) MAE, 3GMII 349, Répertoires des adresses télégraphiques des Français résidant à Tokyo, Yokohama, Kobé, Séoul et Dairen.
(3) 内務省警保局編『外事警察概況――極秘　1–8 の付図』，龍渓書舎，1980 年．
(4) 小宮まゆみ『敵国人抑留――戦時下の外国民間人』吉川弘文館，2009 年，9–11 頁．
(5) 同上書，表 10「抑留所一覧表」，254 頁．
(6) 同上書，20–25 頁．
(7) MAE, 131QO133, Liste des français ayant été incarcérés au Japon pendant la guerre, pièce jointe à la lettre de l'ambassadeur de France, chef de la mission française au Japon, au ministre des Affaires étrangères, 12 septembre 1946.
(8) MAE, 131QO133, MAE, 3GMII 349, Télégramme du ministère des Affaires étrangères à Vichy à l'ambassade de France à Tokyo, 14 mars 1942. MAE,

3GMII 349, Note, 3 mars 1944.

(9) MAE, 3GMII 349, Note, 17 juin 1944. 内務省警保局編『昭和十六年中に於ける外事警察概況』龍渓書舎，1980 年，336 頁.

(10) MAE, 120QO49bis, Nouvelles de Presse (Indochine, Siam, Chine et Japon).

(11) MAE, 131QO133, Liste des français ayant été incarcérés au Japon pendant la guerre, pièce jointe à la lettre de l'ambassadeur de France, chef de la mission française au Japon, au ministre des Affaires étrangères, 12 septembre 1946.

(12) MAE, 131QO133, Rapport d'arrestation et d'emprisonnement de Marcel Pellerin, remis au ministère des Affaires étrangères, 20 mars 1947.

(13) AFS, E2001-02#1000/117#883*, Lettre du ministre de Suisse au Japon à l'ancien ambassadeur de France au Japon, Karuizawa, 24 août 1945.

(14) Musée de l'Ordre de la Libération, La commission nationale de la médaille de la Résistance française, le dossier Marcel Pellerin.

第 10 章

(1) 新関欽哉『第二次大戦下ベルリン最後の日――ある外交官の記録』NHK ブックス，1988 年，117 頁.

(2) NARA, RG 498, Entry UD 114, Box 442, SHAEF, Office of Assistant Chief of Staff, G-2, Japanese Intelligence Report, 8 June 1945.

(3) NARA, RG 498, Entry UD 116, Box 444, List of Baggage.

(4) AFS, E2200.42-02#1000/585#306*, Lettre au ministre au département politique fédéral, division des intérêts étrangers à Berne, 13 août 1945.

(5) NARA, RG 59, Entry Lot 58D7, Box 99, Folder Bedford Springs Hotel, Japanese Custody, Report of Special Agent, "Hotel for Interment of Enemy Aliens", May 21, 1945.

(6) NARA, RG 59, Entry Lot 58D7, Box 99, Folder Bedford Springs Hotel, Japanese Custody, Reports of Special Agent, "Hotel for Internment of Enemy Aliens", May 26 and June 3, 1945.

(7) Ned Frear, *The Bedford Springs*, Bedford, Frear Publications, 2007.

(8) NARA, RG 59, Entry Lot 58D7, Box 99, Folder Bedford Springs Hotel, Japanese Custody, Department of State, For the Press, No. 518, June 25, 1945.

(9) NARA, RG 59, Entry Lot 58D7, Box 99, Folder Bedford Springs Hotel, Japanese Custody, Report of Special Agent, "Special Assignment. Removing Japanese Nationals from Santa Rosa", August 13, 1945.

(10) NARA, RG 59, Entry Lot 58D7, Box 99, Folder Bedford Springs Hotel, Japanese Custody, List of Japanese Diplomatic Group.

(11) NARA, RG 59, Entry Lot 58D8, Box 155, Folder Bedford Springs Hotel–

Japanese, Tentative Furniture Assignment List.

(12) NARA, RG 59, Entry Lot 58D7, Box 99, Folder Bedford Springs Hotel, Japanese Custody, Letter from Chief Special Agent to State Department Representative, Bedford Springs Hotel, September 21, 1945.

(13) NARA, RG 59, Entry Lot 58D7, Box 99, Folder Bedford Springs Hotel, Japanese Custody, Letter of Chief Special Agent to General Passenger Agent, Baltimore and Ohio Railroad Company, November 1, 1945.

第11章

(1) 「4. 高和博」JACAR：Ref. B14090797800，各国駐在帝国領事任免関係雑件／馬耳塞ノ部(M-2-1-0-10_46)，外務省外交史料館．公文雑纂・昭和19年・第51巻・外務省1，第53巻・外務省2，第53巻・外務省3，仏蘭西国馬耳塞駐在領事高和博へ御委任状御下付ノ件，纂03045100-03000，国立公文書館．

(2) 前田陽一，前掲書，90頁．

(3) 星野映「ヴィシー・フランスにおけるスポーツをめぐる日仏協力――在仏日本公館関係者による柔道の紹介について」『仏蘭西学研究』第46号，2020年，3-13頁．

(4) 香山マリエ『天井桟敷の父へ』鳥影社，2011年，71-73頁．

(5) 「2．欧／26)在マルセーユ領事館」JACAR：Ref. B14091233100，本省並在外公館員出張関係雑件　第10巻(M-2-2-0-1_010)，外務省外交史料館．

(6) 立石博高，関哲行，中川功，中塚次郎編『スペインの歴史』昭和堂，1998年，229-231頁．

(7) MAE, 131QO8, Rapport du chef de division aux commandant, Sécurité Militaire Paris, 27 décembre 1944.

(8) 香山マリエ，前掲書，74-81頁．

(9) 同上書，82-83頁．

(10) SHD, GR 28 P 9 14274, Répertoire des Japonais domiciliés en France (在仏邦人名簿，昭和18年8月末現在，巴里日本人会編)．AFS, E2200.42-02#1000/585#308*, Lettre du vice consul de la légation de Suisse au ministre à la division des affaires étrangères du département politique fédéral à Berne, 1 décembre 1944.

(11) 在マルセイユ日本国総領事館のホームページ．https://www.marseille.fr.emb-japan.go.jp/itpr_ja/mboeuf.html(2023年9月20日閲覧)

(12) 在マルセイユ日本国総領事館，前掲ウェブページ．

(13) SHD, GR 28 P 6 205, Note de renseignements, 27 août 1944. SHD, GR 28 P 6 205, Rapport, 30 octobre 1944.

(14) SHD, GR 28 P 6 205, Fiche de renseignement, 27 septembre 1944.

(15) SHD, GR 28 P 6 205, Rapport, 30 octobre 1944.

(16) 「マルセーユの同胞無事」『読売新聞』1945年2月6日.
(17) 香山マリエ, 前掲書, 101–102頁.
(18) AFS, E2200.42-02#1000/585#308*, Mémorandum confidentiel concernant l'ancien consul du Japon à Marseille, sans date.
(19) 「高和領事一行無事」『読売報知』1944年12月9日.「マルセイユ残留邦人健在」『読売報知』1944年12月10日.「マルセイユ残留邦人健在」『朝日新聞』1944年12月10日.
(20) ACICR, D EUR FRANCE1–0243, Notice pour Monsieur Aeschlimann, 23 janvier 1945. ACICR, D EUR FRANCE1–0243, Note de la délégation CICR Marseille au CICR Genève Secrétariat, 31 janvier 1945.
(21) AN, 20160181/17, Lettre de Takawa Hiroshi à Shiina Sonoji, 30 décembre 1944. MAE, 131QO8, Lettre de Takawa Hiroshi au préfet des Pyrénées-Orientales, 12 septembre 1944. MAE, 131QO8, Rapport du chef de division aux commandant, Sécurité Militaire Paris, 27 décembre 1944. MAE, 131QO8, Lettre du ministre des Affaires étrangères au ministre de l'Intérieur, 6 janvier 1945. MAE, 131QO8, Lettre du ministre des Affaires étrangères au ministre de l'Intérieur, 6 février 1945. MAE, 131QO8, Memorandum, February 13, 1945. MAE, 131QO8, Lettre du ministre de l'Intérieur au ministre des Affaires étrangères, 3 juillet 1945. MAE, 131QO8, Lettre du ministre des Affaires étrangères au ministre de l'Intérieur au sujet des diplomates japonais en résidence surveillée à Perpignan, sans date.
(22) 「2. 在欧州諸国 帝国外交官, 領事官(満洲国公使館員を含む)取扱及動静/4. フランス/高和領事及館員二名ノ解放ニ関スル件」JACAR: Ref. B02032662200, 大東亜戦争関係一件/交戦国間敵国人及俘虜取扱振関係/在敵国本邦人関係 第2巻(A-7-0-0-9_11_3_002), 外務省外交史料館.
(23) MAE, 131QO8, Lettre du ministre de l'Intérieur au ministre des Affaires étrangères, 4 octobre 1945. MAE, 131QO8, Lettre du ministre des Affaires étrangères au ministre de l'Intérieur, 11 octobre 1945.
(24) MAE, 131QO8, Lettre de Takawa Hiroshi au préfet des Pyrénées-Orientales, 12 novembre 1945.
(25) MAE, 131QO8, Note from the British Embassy in France to the French Ministry of Foreign Affairs, 15th January, 1946.
(26) MAE, 131QO8, Note from the British Embassy in France to the French Ministry of Foreign Affairs, 22nd January, 1946.
(27) MAE, 131QO8, Lettre du ministre de l'Intérieur au ministre des Affaires étrangères, 26 février 1946.
(28) 「欧州の現状と将来——本社両特派員帰還報告(上)」『読売報知』1946年3月29日. 泉孝英, 前掲書, 314–329頁.

第12章

(1) 高木健夫「パリの200時間 8」『読売新聞』1952年12月19日夕刊. 次に再録されている. 高木健夫『パリの200時間』読売新聞社, 1954年, 66頁.

(2) 『朝日新聞』1973年9月21日夕刊.

(3) APP, 1W1569–88768, Lettre de Saito Tetsuji au chef de Bureau de la Sécurité Militaire, 17 novembre 1944. AN, F/7/14947, Liste des détenus à transférer d'Haussmann à Charenton, 6 décembre 1944. AN, F/7/14947, Liste des détenus du fort de Charenton à transférer au camp de Drancy, 1 février 1945.

(4) APP, 1W1569–88768, Lettre du ministre de l'Intérieur au préfet de Police, 17 décembre 1946. APP, BA 2368, Lettre du directeur du centre de séjour surveillé des Tourelles au préfet de Police, 19 décembre 1945.

(5) APP, 1W1569–88768, Note de renseignements, 14 décembre 1944. APP, 77W4102–418801, Rapport de renseignements, 18 février 1948.